SÍNTESE DE
FILOSOFIA DO DIREITO

Outros Livros do Autor

Direito e áreas afins
O Procedimento Administrativo, Coimbra, Almedina, 1987 (esgotado); *Quadros Institucionais – do social ao jurídico,* Porto, Rés, 1987 (esgotado); refundido e aumentado no volume *Sociedade e Direito. Quadros Institucionais,* Porto, Rés, 1990; *Introdução à Teoria do Direito,* Porto, Rés, 1988 (esgotado); *Noções Gerais de Direito,* Porto, Rés, 1.ª ed., 1988, 2.ª ed. 1991, outras eds. ulteriores (em colaboração). Edição bilingue português-chinês, revista. adaptada e muito aumentada: *Noções Gerais de Direito Civil,* I, trad. de Vasco Fong Man Chong, Macau, Publicações O Direito, ed. subsidiada pelo Instituto Português do Oriente e Associação dos Advogados de Macau, 1993); *Problemas Fundamentais de Direito,* Porto, Rés, 1988 (esgotado); *Direito,* Porto, Edições Asa, 1990; 2.ª ed. 1991; 3.ª ed., 1994 (esgotado); *Mito e Constitucionalismo. Perspectiva conceitual e histórica,* Coimbra, 1988, Separata do "Suplemento ao Boletim da Faculdade de Direito de Coimbra", vol. III, Coimbra, 1990 (esgotado); *Pensar o Direito I. Do realismo clássico à análise mítica,* Coimbra, Almedina, 1990 (esgotado); *Direito. Guia Universitário,* em colaboração, Porto, Rés, 1990; *Pensar o Direito II. Da Modernidade à Postmodernidade,* Coimbra, Almedina, 1991 (esgotado); História da Faculdade de Direito de Coimbra, Porto, Rés, 1991, 5 vols. (com colaboração); *Princípios de Direito. Introdução à Filosofia e Metodologia Jurídicas,* Porto, Rés, 1993; *Para uma História Constitucional do Direito Português,* Coimbra, Almedina, 1995 (esgotado); *Tópicos Jurídicos,* Porto, Edições Asa, 1.ª e 2.ª ed., 1995 (esgotado); *"Peço Justiça!",* Porto, Edições Asa, 1995 (esgotado); *"Peço Justiça!"* edição em Braille, Porto, Centro Prof. Albuquerque e Castro, n.º 1176, 8 volumes; *Amor Iuris, Filosofia Contemporânea do Direito e da Política,* Lisboa, Cosmos, 1995 (esgotado); *Constituição, Direito e Utopia. Do Jurídico-Constitucional nas Utopias Políticas,* Coimbra, Faculdade de Direito de Coimbra, Studia Iuridica, Coimbra Editora, 1996; *Peccata Iuris. Do Direito nos Livros ao Direito em Acção,* Lisboa, Edições Universitárias Lusófonas, 1996; *Arqueologias Jurídicas. Ensaios juridico-humanísticos e jurídico-políticos,* Porto, Lello, 1996; *Lições Preliminares de Filosofia do Direito,* Coimbra, Almedina, 1998, esgotado, há 2.ª ed.; *A Constituição do Crime. Da substancial constitucionalidade do Direito Penal,* Coimbra, Coimbra Editora, 1998; *Instituições de Direito. I. Filosofia e Metodologia do Direito,* Coimbra, Almedina, 1998 (organizador e co-autor); *Res Publica. Ensaios Constitucionais,* Coimbra, Almedina, 1998; *Lições de Filosofia Jurídica. Natureza & Arte do Direito,* Coimbra, Almedina, 1999; *Mysteria Ivris. Raízes Mitosóficas do Pensamento Jurídico- -Político Português,* Porto, Legis, 1999; *Le Droit et les Sens,* Paris, L'Archer, dif. P.U.F., 2000*; Teoria da Constituição,* vol. II. Direitos Humanos, Direitos Fundamentais, Lisboa, Verbo, 2000; *Temas e Perfis da Filosofia do Direito Luso-Brasileira,* Lisboa, Imprensa Nacional-Casa da Moeda, 2000; *Instituições de Direito.* vol. II. Enciclopédia Jurídica, (organizador e co-autor), Coimbra, Almedina, 2000; *Responsabilité et culpabilité. Abrégé juridique pour médecins,* Paris, P.U.F., 2000 (esgotado); *O Ponto de Arquimedes. Natureza Humana, Direito Natural, Direitos Humanos,* Coimbra, Almedina, 2001; *Propedêutica Jurídica. Uma perspectiva jusnaturalista,* Campinas, São Paulo, Millennium, 2001 (em colaboração com Ricardo Dip); *Lições Preliminares de Filosofia do Direito,* 2.ª edição revista e actualizada, Coimbra, Almedina, 2002; *Teoria da Constituição,* vol. I. *Mitos, Memórias, Conceitos,* Lisboa, Verbo, 2002; *Faces da Justiça,* Coimbra, Almedina, 2002; *Direitos Humanos. Teorias e Práticas,* Coimbra, Almedina, 2003 (org.), com Prefácio de Jorge Miranda*; O Século de Antígona,* Coimbra, Almedina, 2003; *Teoria do Estado Contemporâneo* (org.), Lisboa / São Paulo, Verbo, 2003; *Política Mínima,* Coimbra, Almedina, 2003 (esgotado, há 2.ª ed.); *Miragens do Direito. O Direito, as Instituições e o Politicamente Correto,* Campinas, São Paulo, Millennium, 2003; *Droit et Récit,* Québec, Presses de l'Université Laval, 2003 ; *Memória, Método e Direito,* Coimbra, Almedina, 2004 (esgotado); *O Tímpano das Virtudes,* Coimbra, Almedina, 2004; *Filosofia do Direito – Primeira Síntese,* Coimbra, Almedina, 2004 (esgotado); *Direito Natural, Religiões e Culturas,* org., Coimbra, Coimbra Editora, 2004; *Anti-Leviatã,* Porto Alegre, Sérgio Fabris, 2005; *Repensar a Política. Ciência & Ideologia,* Coimbra, Almedina, 2005 (esgotado; há nova ed.); *Lusofilias. Identidade Portuguesa e Relações Internacionais,* Porto, Caixotim, 2005 (Menção Honrosa da SHIP); *Escola a Arder,* Lisboa, O Espírito das Leis, 2005; *Política Mínima,* 2.ª ed., corrigida e actualizada, Coimbra, Almedina, 2005; *Novo Direito Constitucional Europeu,* Coimbra, Almedina, 2005; *História do Direito. Do Direito Romano à Constituição Europeia,* Coimbra, Almedina, 2005 (em colaboração com Joana de Aguiar e Silva e António Lemos Soares); *Direito Natural, Justiça e Política,* org., Coimbra, Coimbra Editora, vol. I, 2005; *O Essencial sobre Filosofia Política Medieval,* Lisboa, Imprensa Nacional-Casa da Moeda, 2005; *O Essencial sobre Filosofia Política Moderna,* Lisboa, INCM, 2006; *Per-Curso Constitucional. Pensar o Direito Constitucional e o seu Ensino,* Prefácio de Manoel Gonçalves Ferreira Filho, São Paulo, CEMOROC – EDF-FEUSP, Escola Superior de Direito Constitucional, Editora Mandruvá, 2006 (esgotado); *O Essencial sobre Filosofia Política da Antiguidade Clássica,* Lisboa, Imprensa Nacional – Casa da Moeda, 2006; *Pensamento Jurídico Luso-Brasileiro,* Lisboa, Imprensa Nacional – Casa da Moeda, 2006; *Raízes da República. Introdução Histórica ao Direito Constitucional,* Coimbra, Almedina, 2006; *Direito Constitucional Geral,* Lisboa, Quid Juris, 2006; *Filosofia do Direito,* Coimbra, Almedina, 2006; *Direito Constitucional Geral. Uma Perspectiva Luso-Brasileira,* São Paulo, Método, 2006 (Prémio Jabuti); *Constituição da República da Lísia,* Porto, Ordem dos Advogados, 2006; *A Constituição Viva. Cidadania e Direitos Humanos,* Porto Alegre, Editora do Advogado, 2007; *Repensar a Política. Ciência & Ideologia,* 2.ª ed., revista e actualizada, Coimbra, Almedina, 2007; *Direito Constitucional Aplicado,* Lisboa, Quid Juris, 2007; *O Essencial sobre Filosofia Política Liberal e Social,* Lisboa, INCM, 2007; *O Essencial sobre Filosofia Política Romântica,* Lisboa, INCM, 2007; *Manual de Retórica & Direito,* Lisboa, Quid Juris, 2007, colaboração com Maria Luísa Malato; *Constituição, Crise e Cidadania,* Porto Alegre, Livraria do Advogado Editora, 2007, com Prefácio de Paulo Bonavides; *Direito Constitucional e Fundamentos do Direito,* Rio de Janeiro / São Paulo / Recife, Renovar, 2008; *Comunicação e Direito,* Porto Alegre, Livraria do Advogado Editora, 2008; *Tratado da (In)Justiça,* Lisboa, Quid Juris, 2008; *Direito Constitucional Anotado,* Lisboa, Quid Juris, 2008; *Fundamentos da República e dos Direitos Fundamentais,* Belo Horizonte, Forum, 2008; *O Essencial sobre Filosofia Política Contemporânea* (1887-1939), Lisboa, Imprensa Nacional-Casa da Moeda, 2008; *O Essencial sobre Filosofia Política do séc. XX (depois de 1940),* Lisboa, Imprensa Nacional-Casa da Moeda, 2008; *Filosofia Jurídica Prática,* Lisboa, Quid Juris, 2009; *Direito Constitucional & Filosofia do Direito,* Porto, Cadernos Interdisciplinares Luso-Brasileiros (coord.), 2009; *Filosofia Jurídica Prática,* Belo Horizonte, Forum, 2009

Ficção e Poesia
Tratado das Coisas não Fungíveis, Porto, Campo das Letras, 2000*; E Foram Muito Felizes,* Porto, Caixotim, 2002; *Escadas do Liceu,* São Paulo, Mandruvá, 2004; *Livro de Horas Vagas,* São Paulo, Mandruvá, 2005

PAULO FERREIRA DA CUNHA

SÍNTESE DE
FILOSOFIA DO DIREITO

ALMEDINA

SÍNTESE DE
FILOSOFIA DO DIREITO

AUTOR
PAULO FERREIRA DA CUNHA

EDITOR
EDIÇÕES ALMEDINA, SA
Av. Fernão Magalhães, n.º 584, 5.º Andar
3000-174 Coimbra
Tel.: 239 851 904
Fax: 239 851 901
www.almedina.net
editora@almedina.net

PRÉ-IMPRESSÃO | IMPRESSÃO | ACABAMENTO
G.C. – GRÁFICA DE COIMBRA, LDA.
Palheira – Assafarge
3001-453 Coimbra
producao@graficadecoimbra.pt

Maio, 2009

DEPÓSITO LEGAL
293521/09

Os dados e as opiniões inseridos na presente publicação
são da exclusiva responsabilidade do(s) seu(s) autor(es).

Toda a reprodução desta obra, por fotocópia ou outro qualquer
processo, sem prévia autorização escrita do Editor, é ilícita
e passível de procedimento judicial contra o infractor.

Biblioteca Nacional de Portugal - Catalogação na Publicação

CUNHA, Paulo Ferreira da

Síntese de filosofia do direito. – (História e filosofia de direito)
ISBN 978-972-40-3859-9

CDU   340
      378

*Aos meus Alunos Portugueses e Brasileiros,
colaboradores da contínua reescrita oral deste livro*

*Aos meus Estudantes de Mestrado
de Filosofia do Direito e de Direito Constitucional
em 2008/2009*

"Il est vrai que la théorie est souvent l'ultime façon d'aimer une chose quand toutes les autres ont disparu".

Maxime Cohen – *Promenades sous le lune*, Paris, Grasset, 2008, p. 269

PREFÁCIO

A nossa docência de Filosofia do Direito (e já anteriormente a de Introdução ao Direito, disciplina falhada se desprovida de uma componente jusfilosófica essencial) fez-nos sentir a necessidade de um livro sintético, directo, sem aparato erudito, que constituísse uma síntese de matérias várias, que reunisse os fios dispersos, sem exaustivamente os desenvolver.

Sempre empenhado em produzir material acessível para que os Estudantes possam convenientemente preparar-se, e atento simultaneamente ao que o Público em geral da Universidade reclama ao nível da divulgação (mas não da vulgarização), fomos dando à estampa uma boa meia dúzia de obras nesta área. Contudo, faltava uma síntese pessoal.

Para elaborar essa síntese ideal impor-se-ia primeiro um longo tempo de estudo, de ruminação, de análise, e só depois o salto qualitativo que passa da exposição, da crítica e do ensaio para a visão de conjunto do sistema.

Ora a vida universitária tornou-se entretanto um vendaval de ocupações burocráticas cada vez mais prementes e desinteressantes – desincentivadoras até. A massificação dos títulos, graus e concursos obriga os catedráticos, para mais de áreas carenciadas em pessoal como o Direito, ao aturado estudo de múltiplas e volumosas teses e extensos relatórios, ao minucioso exame de vastas bibliografias, à diuturna presença e arguição pública em multidão de júris. A gestão e colaboração em unidades de investigação, a pertença a equipas de pesquisa inter-universitária, nacionais e internacionais, a assistência a um número crescente de mestrandos e doutorandos, e até já pós-doutores, os incessantes convites para artigos, conferências e colóquios, o geométrico crescimento das obras de Homenagem a Mestres e Colegas, além da normal necessidade de investigação para as cadeiras regidas e coordenadas, sempre sob a espada de Dâmocles de inspecções e avaliações, e até a ameaça de imposição (sob falso pretexto bolonhês) de eterna tutela institucional dos docentes a todos os níveis, ainda com o risco de se pretender obrigar os catedráticos ao trabalho de outros docentes – tudo isto são apenas ilustrações das angústias quotidianas de quem calcorreou todos os degraus da carreira pelo seu pé, sem saltos, sem subterfúgios, sem favores, sem apadrinhamentos, sem intrigas e favorecimentos políticos ou de qualquer outro tipo.

Não havia por tudo isto tempo nem forças para começar a pôr de pé a partir do nada um tal volume: mais trabalhoso e demorado ainda por se querer sintético.

Foi necessário abandonar o ideal e passar para o real: nemo datur quod non habet. *Assim, este livro pede, em alguns pontos, palavras emprestadas a outros textos, sobretudo ao nosso esgotado 'Tópicos Jurídicos', com autorização da editora Asa e, mesmo no final, a uma ainda inédita conferência de síntese proferida na Universidade Católica. É todavia na concepção e no produto acabado um trabalho completamente novo, e com uma função totalmente diversa de qualquer dos palimpsestos.*

Não se lhe peçam citações profusas. Apenas indicámos uma Bibliografia Selectiva *um pouco mais extensa. Nada de notas de rodapé, e poucas referências no texto. Recordamos – temos de o fazer – um passo de Michel Villey, que muito explica: «Est-il nécessaire de poursuivre une comparaison avec la pléthore de références dont nous submergent les productions académiques contemporaines? Leur intempérance bibliographique que est un héritage de la scolastique des XVIe et XVIIe siècles.» E prossegue: «Ouvrez une* quæstio *de Suarez: défile une liste interminable de citations (souvent faussées) y compris des Maîtres, des collègues. Le Herr Professor tient d'abord à ce qu'on sache qu'il a lu; il écrase l'esprit critique sous la masse de son érudition»* (Questions de St. Thomas sur le droit et la politique, p. 63).

Depois da primeira síntese *publicada em 2004,* Filosofia do Direito – Primeira Síntese, *sentimos a necessidade de dar a lume uma obra mais extensa, mas ainda assim não analítica, em que se pudesse compulsar o conjunto essencial das matérias teóricas (aparte a Filosofia prática, que seria objecto de outro livro, editado em 2009) da Jusfilosofia. Tal seria feito logo em 2006, com* Filosofia do Direito.

O facto de a primeira síntese se encontrar esgotada deu-nos ensejo para pôr em prática o início de um projecto de revisão geral da nossa obra jusfilosófica mais teórica, necessidade que vínhamos sentindo.

Novas leituras, novos contactos, e sobretudo novas vivências, informações e inspirações tornariam alguns aspectos dos nossos livros menos actualizados. Ainda considerámos, largos meses, a hipótese de fazermos uma mera reedição, revista e aumentada da Filosofia do Direito – Primeira Síntese.

Era contudo impossível. Embora este livro aproveite esse outro como pano de fundo, acaba por resultar um enormemente re--escrito palimpsesto. Sobretudo pelos acrescentos feitos e, mais ainda e em especial, pelo facto de haver, em matérias importantes, significativos matizes novos, e até algumas mudanças. Ainda que a percentagem bruta de texto "importado" do anterior livro seja muito apreciável, tal facto não passa de um dado cego, que não atenta na importância (pelo menos para o Autor) das alterações introduzidas. As quais consideramos, realmente, qualitativas.

Por essa alteração de qualidade, e até certo ponto de men-sagem *(que não muda totalmente, mas claramente evolui significativamente) considerámos, após madura ponderação, que se tratava já de um outro livro, embora aproveitando muito material e estrutura do antigo. Gostaríamos de ser bem interpretado nesta matéria. Cremos que o leitor atento de* Filosofia do Direito – Primeira Síntese *será o primeiro a compreender (e esperamos que a apreciar) as mudanças.*

Significa, assim, este livro o estado da nossa evolução teórica *nesta matéria, o que significa também parcial actualização do livro de 2006,* Filosofia do Direito. *À medida que forem esgotando os diversos pequenos volumes que contribuíram para a elaboração deste livro, gostaríamos de continuar o trabalho de actualização.*

Estamos presentemente a trabalhar também na reedição de Lições Preliminares de Filosofia do Direito *– que será a 3.ª edição – e na de* Memória, Método e Direito. Iniciação à Metodologia Jurídica.

Assim haja tempo.

PLANO GERAL

PREFÁCIO

PARTE I
DIREITO E CULTURA

Título I – APROXIMAÇÕES FILOSÓFICAS INTERDISCIPLINARES AO DIREITO
  Capítulo 1. O Direito dá sentido ao mundo
  Capítulo 2. Direito, Sentidos, Linguagem e Autoridades
  Capítulo 3. Semiótica Jurídica
  Capítulo 4. Fundamentação do Direito e Dimensões Jurídicas
  Capítulo 5. O Jurista como indagador
  Capítulo 6. Acção Científica e Acção Prática
  Capítulo 7. Aproximação à Origem e Fundamentação do Direito Positivo

Título II – DIÁLOGOS HISTÓRICO-SOCIOLÓGICOS
  Capítulo 1. Memória e Mito: Os Indo-Europeus
  Capítulo 2. O Primeiro Livro "Sagrado": *Corpus Iuris Civilis*. Da actualidade do Direito Romano
  Capítulo 3. Mitos
  Capítulo 4. Antepassados e Parentes dos Juristas: Sofistas, Goliardos e Intelectuais
  Capítulo 5. A Congregação: Os Juristas
  Capítulo 6. Sociedade e Direito. Ciências Sociais e Direito
  Capítulo 7. Ordem e Desordem Sociais
  Capítulo 8. O Homem, o Mundo e o Direito
  Capítulo 9. O Direito, o Tempo e o Espaço

PARTE II
CONCEITOS E CORRENTES FUNDAMENTAIS

Título I – O SER DO DIREITO
    Capítulo 1. Noção de Direito
    Capítulo 2. Acepções do termo Direito
Título II – O MODO-DE-SER DO DIREITO
    Capítulo 1. Direito Natural e Direito Positivo
    Capítulo 2. Pluridimensionalidade Jurídica

Título III – CORRENTES DO PENSAMENTO JURÍDICO
    Capítulo 1. Positivismo (ou Monismo) Jurídico
    Capítulo 2. Pluralismos Jurídicos
    Capítulo 3. Pensamento Tópico, Canónico e Dogmático.
        Judicialismo e Normativismo

Título IV – SABERES E VIVÊNCIAS
    Capítulo 1. O Direito e os Saberes, o Saber do Direito
    Capítulo 2. Epistemologias
    Capítulo 3. Filosofia do Direito
    Capítulo 4. O Direito face a outras vivências

Título V – UM DESAFIO TEÓRICO HODIERNO: DIREITO NATURAL, HISTÓRIA E IDEOLOGIA
    Capítulo 1. Silêncios e Olvidos
    Capítulo 2. A Crise Actual e Suas Raízes
    Capítulo 3. Paradoxos e Prospectiva

PARTE III
PERSPECTIVAS CONTEMPORÂNEAS
DA FILOSOFIA DO DIREITO

Título I – AS TEORIAS
    Capítulo 1. As Teorias: entre Fé e Desencanto
    Capítulo 2. Em Demanda da Justiça
    Capítulo 3. Positivismo e Pluralismo na Jusfilosofia Contemporânea
    Capítulo 4. Breve Balanço

Título II – O DIREITO E A JUSTIÇA
    Capítulo 1. Revelações

Capítulo 2. Inspirações
Capítulo 3. Pedagogias

BIBLIOGRAFIA SELECTIVA
 1. Introduções e Histórias da Filosofia
 2. Dicionários e Enciclopédias
 3. Antologias de Textos
 4. Revistas Especializadas de Filosofia do Direito e áreas afins

PARTE I

DIREITO E CULTURA

> «*Or il est frappant de constater qu'il existe d'indéniables parallélismes entre les manières de penser l'univers, Dieu et le droit*»
>
> Norbert Rouland – *Anthropologie juridique*, p. 401

TÍTULO I
APROXIMAÇÕES FILOSÓFICAS INTERDISCIPLINARES AO DIREITO

> «*O homem é o ser que conhece, como é o ser que ama*»
>
> Leonardo Coimbra – *A Razão Experimental*,
> in *Obras*, II, p. 550

CAPÍTULO 1
O Direito dá sentido ao Mundo

As *epistemai*, os estudos e disciplinas a que muitos chamam "científicos", servem para compreender e explicar o Mundo. Embora as ciências, na sua "dureza" acabem por fazê-lo entender só parcialmente.

O Direito não só precisa de compreender o Mundo, sobretudo o Mundo social e cultural, como pretende encontrar-lhe leis justas e fazer com que se apliquem. Uma das tarefas do Direito é organizar o Mundo, dar-lhe uma ordem, um sentido. Na verdade, um mundo injusto é sempre, de algum modo, um mundo absurdo. E um mundo justo é sempre um mundo com sentido. Poderá até afirmar-se, com alguma audácia, mas não muito erro, bem vistas as coisas, que a Justiça é um dos mais claros sentidos do Mundo.

Várias perspectivas tem adaptado o pensamento para esse tipo de organização teórica – pois *theoria* é visão. As visões do Mundo (teoria, *Weltanschaung*) são tentativas de o organizar, de o entender – e de fazê-lo caber nos nossos moldes: apreendê-lo. Falemos apenas de duas. Por um lado, o pensamento dialéctico – sobretudo com a dialéctica da tese e da antítese, resolvida pelo termo terceiro da síntese. Por outro, o pensamento acumulativo, por camadas, por estratos, que vai integrado e também esquecendo sucessivas fases e modalidades.

A expressão dialéctica é usada em muitos sentidos.

O pensamento marxista, baseado filosoficamente em Hegel (cuja filosofia inverteu: literalmente "pôs de pernas para o ar"), vulgarizou um tipo de dialéctica como pensamento que analisa a realidade em três momentos sucessivos e necessários – a tese, a negação da tese (ou antítese) e a negação da negação (ou síntese). A História, por exemplo, desenrolar-se-ia assim, nesta mecânica linear. Numa aplicação histórica, então: Ao feudalismo (tese) opor-se-ia o capitalismo (antítese) sendo a síntese superadora o socialismo. Mas a dialéctica clássica, de raíz helénica, a que mais importa para o entendimento do Direito, é mais complexa.

A dialéctica é, antes de mais, a arte da discussão do raciocínio e da argumentação sobre as diferentes opiniões. Vê-se bem como isso interessa ao Direito. Nele, o que está fundamentalmente em causa é a decisão, o julgamento, sobre duas versões, dois argumentos contrários. O juiz tem de optar, e cada uma das partes tem de procurar persuadi-lo da sua verdade. A arte de convencer é a retórica (embora também seja uma forma de "arte de pensar", de organizar o pensamento). O diálogo que se gera entre as partes e o estudo desse antagonismo é a dialéctica. Os lugares (comuns) da argumentação são tópicos (*topoi*).

O pensamento jurídico construtivo e excessivamente teórico (pensamento dogmático) não é muito dialéctico, ao contrário do método jurídico prático, da real vida do direito nos tribunais, que o é essencialmente. O pensamento teórico do Direito é, ao contrário do pensamento prático do Direito, um pensamento estratificado, por camadas de ideias, que por vezes se esquecem, e depois, muito mais tarde em certos casos, tornam a retomar-se. Não se anulam os problemas ou se arquivam as teorias por se terem revolvido racionalmente as questões. É mais um passar de moda. Em Direito Penal, por exemplo, a teoria finalista da acção não foi cabalmente refutada: esquecemo-nos dela; na arrumação do Direito Civil (e não só) a divisão romana por *pessoas, coisas e acções*, não se mostrou errada. Simplesmente foi substituída pela sistematização da teoria geral da relação jurídica, cujos elementos são, como se sabe: sujeito, objecto, facto jurídico e garantia. Mas, num e noutro caso, há quem retome as ideias mais antigas.

Por muito que se fale mediaticamente de síntese (quase como se fala de "consenso"), antes dela há vários estádios. Numa visão corrente de dialéctica, a síntese vem depois de uma tese, a que se opõe uma antítese – como dissemos. Mas mesmo antes dessa oposição antagónica dual pode haver um estado de confusão ou de não organização. Ou no final da oposição também pode resultar não a síntese que é uma resposta que resolve a oposição, mas um estado incipiente, desordenado, caótico mesmo. Esse estado diz-se sincrético, ou de síncrise.

Pode-se falar na síncrise da legislação quando ela é muita, dispersa e contraditória. Os processos de pensamento e os métodos para ultrapassar a síncrese são sobretudo a síntese e a análise. Pela primeira se procura tudo harmonizar e englobar num todo coerente, com a ajuda de algumas ideias fundamentais, às quais se reduz a complexidade inicial. Pela segunda, se vai ver em pormenor cada pequeno elemento do todo, nas suas próprias componentes. Análise e síntese são complementares. Nenhuma síntese tem alicerces sólidos se se não basear na análise minuciosa do material anteriormente em síncrise (sincrético), e nenhuma análise vale por si própria sem uma comparação com outras análises e sem a ulterior visão de conjunto que atribui a cada coisa o seu lugar no todo. O Direito é inimigo da síncrise, que dispersa, pulveriza, o pensamento. Precisa de análises rigorosas e profundas (da realidade, das leis, etc.) e manifesta-se sobretudo por grandes sínteses. Que são os princípios gerais de direito senão que essas imensas e muito gerais normas da justiça válidas para uma multidão de casos concretos? E não vamos mais longe: que são mesmo as normas jurídicas senão vastas sínteses de regras a aplicar em situações hipotéticas reduzidas aos seus elementos essenciais, caracteristicamente relevantes?

Não devemos, porém, confundir a importância do esforço de síntese do Direito (no sentido de compreensão global do Mundo ou de uma fatia dele) com a pura e simples abstracção que se desgarra do real para sintetizar e arrumar apenas as ideias da cabeça do teórico utopista. As grandes sínteses do Direito não devem ser dogmáticas, mas *canónicas* – decantando sabiamente o real, apreendendo-lhe as leis. Aliás, as leis, no seu sentido mais geral, são, para Montesquieu, precisamente as "relações necessárias que derivam da natureza das coisas" – como faz questão de afirmar logo no início do seu *Do Espírito das Leis*. Obra genial, infelizmente, como muitos clássicos, tanto mais citada quanto menos lida. Deve portanto a síntese reportar-se à natureza das coisas e às próprias coisas, e não sustentar-se apenas na capacidade lógica de multiplicação de conceitos. *Entia non sunt multiplicanda præter necessitatem.*

O Direito também existe para dar sentido ao Mundo. Alguns lhe chamam, com propriedade, medicina da cultura.

CAPÍTULO 2
Direito, Sentidos e Linguagem e Autoridades

2.1. Direito, Sentidos e Linguagem

Uma das críticas que se faz aos juristas é a de falarem e escreverem numa linguagem cerrada e cifrada, complicarem as coisas simples, e há mesmo quem diga que o fazem para não serem entendidos e para, assim, os advogados ganharem mais, tendo de interpretar, como se de uma língua estrangeira se tratasse, o que deveria estar escrito em linguagem legível por todos. Esta crítica é em geral absolutamente injusta, e revela a incompreensão mais profunda dos fenómenos da linguagem. Evidentemente que há casos em que se utiliza uma *langue de bois* (língua de pau) com fins legitimadores, de confusão, etc. Mas tal não é privativo dos juristas...

Não é verdade que toda a gente se entenda numa pretensa linguagem corrente. Essa linguagem não existe realmente. Mesmo na singeleza da vida quotidiana, os mal-entendidos são permanentes, e muitas vezes só disso nos damos conta tarde demais. Cada vez mais há sociolectos, linguagens deste e daquele grupo, que são absolutamente impenetráveis para outros. E por que razão haveriam os juristas, que são especialistas, de ter uma linguagem comum, diferentemente da linguagem técnica dos mecânicos, dos médicos, ou dos pescadores? Os juristas falam de muitas coisas comuns: como família, herança, crime, política. Mas falam na perspectiva da sua especialidade, que obriga a ver essas coisas comuns com os olhos do justo. Por isso, precisam de conceitos técnicos, e de uma precisão muito clara das palavras.

Uma das características da palavra que ainda em grande medida afecta e sempre afectará a linguagem jurídica é a polissemia ou plurissignificação. Sendo esta linguagem mais rigorosa, é muito menor que na linguagem comum, mas ainda assim existe.

A polissemia é, com efeito, a diversidade de sentidos e/ou de interpretações (o que, na verdade, é o mesmo). Em Direito, trata-se de um pressuposto essencial de toda a actividade interpretativa e aplicadora. Por isso, interpretar o Direito, *v.g.* o direito escrito, não é só lê-lo, mas verdadeiramente criá-lo (dentro dos parâmetros que a letra da norma consinta: porque, na verdade, como ensina a melhor hermenêutica, nem todas as interpretações são consentidas pelo mais ambíguo dos textos). Há, assim, uma margem de liberdade e de condicionamento nesta tarefa do intérprete.

2.2. Direito, Interpretação e Autoridades

A polissemia é, assim, por um lado uma limitação e por outro lado uma garantia para o jurista e para a Justiça. Se existisse uma denotação fechada para cada conceito seria mais certa e segura a interpretação. Mas seria também mais taxativa, e com isso se perderia muita da margem de manobra do intérprete, a quem cumpre fazer justiça, com base nos parâmetros legais nomeadamente.

Mas estes factos não invalidam uma outra realidade: a do significado conotativo mínimo e irredutível dos preceitos. Um texto pode ser acomodado a algumas interpretações: extensivas, restritivas, analógicas, em casos excepcionais até correctivas. Mas não pode ser subvertido. Não se pode pô-lo a dizer o contrário do que, realmente, significa. Nem sequer é a razão do legislador, a sua vontade (*ratio legislatoris*), é o próprio conteúdo efectivo da norma (*ratio legis*). Tudo tem que ser interpretado, mas há preceitos que, analisados com todos os parâmetros hermenêuticos, não comportam muita margem para dúvidas. E sobretudo deve proscrever-se aquilo a que se poderia chamar, retomando Kant, *mutatis mutandis*, "um estilo de grande senhor em Direito" (ele referia-se criticamente ao subjectivismo petulante em Filosofia), e que, no nosso caso, corresponde a considerar-se que certos juristas são Papas da autoridade, espécie de áugures ou arúspices, que se consultam para coisas simples, como se fossem eles os únicos a ter as chaves do reino da interpretação, e nenhum outro jurista pudesse contrariar as suas afinal subjectivas opiniões. Houve, na Roma Antiga, jurisconsultos que tiveram esse poder de dar respostas que o Imperador previamente sancionara como direito. Mas este *ius respondendi* acabou. Doravante, a interpretação é, felizmente, democrática e pluralista, e felizmente também os juízes – ao que nos dizem os causídicos – cada vez menos se impressionam com pareceres assinados com nomes sonantes. Julgam segundo a lei e a Justiça, independentemente das autoridades. Se os seus argumentos forem bons, serão atendidos. Se não – não. Como afirmou Leonardo Da Vinci,

"Chi disputa allegando l'autorità non adopra l'ingegno ma piuttosta la memoria"

Estão a acabar os temores reverenciais. É um magnífico sinal de maturidade política democrática, que também vai fazendo o seu caminho no Direito – onde ainda há muitas servidões e feudalismos, mas vai chegando a liberdade. Pena é que se possa cair em exagero oposto... ou seja, uma barbarização, em que qualquer um, sem ter estudado e sem ter tido experiência, se arroga ares e funções de grande jurisconsulto.

Em todo o caso, antes errar com ingenuidade que acertar na opressão e "omnisciência" dos donos dos textos. Dos donos do Direito. Dos donos da "Verdade".

CAPÍTULO 3
Semiótica Jurídica

3.1. Semiótica Jurídica

Uma das mais aventurosas e fascinantes ciências modernas é a semiótica, ciência dos signos, dos sinais, dos símbolos, no fundo da relação entre significantes e significados – tanto numa perspectiva linguística como no plano gráfico, plástico, etc.
A semiótica jurídica é também um terreno aliciante, novo e muito promissor, na medida em que revela por sinais exteriores realidades intrínsecas e por vezes subtilmente veladas ou não vistas no Direito. Os seus estudos subdividem-se em simbólicos e icónicos (relacionados com as representações plásticas e espaciais), e linguísticos (atinentes às palavras). Existe hoje uma associação internacional desta matéria que publica uma revista e faz reuniões científicas regulares:a *International Association for the Semiotics of Law*. Entre nós, são pioneiros os estudos de Sebastião Cruz – com a obra-prima *Ius, Derectum (Directum)*.

3.2. Símbolos do Direito

O principal símbolo do Direito é, nos nossos dias, a Balança. Com ela se pesa simbolicamente o bem e o mal (na verdade, o *justo* e o *injusto*) jurídicos, se procura o equilíbrio entre infracção e pena, lesão e indemnização. Trata-se, porém, de uma estilização ou simplificação do símbolo completo do Direito que é uma deusa, a deusa Justiça. Ou será a deusa uma projecção e personificação da Justiça, em alguns casos, ao menos? *Ignoramus*.

Este símbolo completo ainda surge nos palácios de justiça, nos tribunais, e até nos parlamentos. Frequentemente, como sabemos, através de representações menos fiéis aos originais. As "Justiças" que vemos normalmente aparecem com venda, balança, espada. Todos pareciam possíveis atributos. Mas, desde logo, não surgem, em rigor, todos simultaneamente. E não é só por "poluição informativa" que estão a mais em tantas estátuas, espalhadas pelos tribunais de todo o Mundo. Vejamos a questão com rigor:

Há um símbolo grego e um símbolo romano – a deusa *Dikê* e a deusa *Iustitia*. *Dikê*, filha de Zeus e de *Themis*, segura na mão direita uma espada e na esquerda uma balança de dois pratos sem fiel ao centro; encontra-se de pé e de olhos bem abertos. *Iustitia*, filha de *Iupiter* e *Dione*, segura, com ambas as mãos, uma balança com o fiel a prumo, encontrando-se, como a sua congénere grega, de pé. Afigura-se-nos hoje, depois de longos anos de procuras, que não haverá ainda base documental para afirmar que tivesse uma venda, embora, se efectivamente estivesse vendada, tal resolvesse agudos problemas de simbolismo. Era poético afirmar-se sobre ela que vendava os olhos do corpo para melhor abrir os da alma, que era cega porque não fazendo acepção de pessoas – não distinguindo rico de pobre, político de cidadão comum, feio de bonito, etc. Há representações gregas e romanas do destino, da morte, e outras, que têm venda. Da Justiça, porém, espera-se quem no-las mostre.

Cada elemento (e o seu conjunto) tem uma significação.

Dikê tem os olhos abertos mas não quer dizer também que seja parcial. *Iustitia, se* realmente tivesse uma venda, não deixaria de ver para onde caminhava. Para os Antigos, a visão representava o saber puro, e o ouvido o valorativo, prático. A Justiça grega era mais especulativa e a romana mais virada para a prudência, para o equilíbrio entre a abstracção e a aplicação. Importava aos Romanos ouvir as partes, o processo era sobretudo oral, e os próprios negócios mais correntes começaram por ter um mero formulário oral.

Sabe-se que a justiça romana se preocupava principalmente com a solução jurídica, deixando o *prætor* ao *judex* (que era um "homem bom" e não um jurista) a aplicação, a execução e a prova. Por isso a *Iustitia* prescinde da espada. É o princípio *de minimis*..., certamente, a funcionar.

O processo é também diferente quanto ao número e posição dos juízes. Na Grécia, podia suceder que alguém fosse condenado ou absolvido por enormes assembleias (mesmo votado ao ostracismo!); em Roma, o magistrado incumbido de dirigir e julgar o processo é o pretor, numa posição de proeminência e com as mãos suficientemente livres para uma actividade de criação jurídica notabilíssima, de adaptação ao caso concreto com vista à Justiça. Por isso, a balança romana tem um fiel a meio e a grega não o possui. O Pretor é o fiel da balança da Justiça.

Voltemos ao problema da venda: a própria dúvida sobre se a justiça romana a teria é meio caminho para compreender a grande lição simbólica desse aparente pormenor: é que a justiça tem e não tem venda, é cega e vê. Isso foi plasticamente representado, no séc. XVII, em gravuras holandesas e alemãs, sob a forma da Justiça de Jano, com uma das cabeças vendada e outra de olhos bem abertos. Lembremo-nos que a venda tanto significa recta não acepção de pessoas como a ignorância, a incapacidade de discernir, a própria loucura. Na *Nave dos Loucos*, o Imperador é vendado – para exprimir a nesciência do poder.

Já em 1560, porém, se havia revelado uma muito avançada e subtil simbolização da Justiça, que podemos ver num Manuscrito da Biblioteca do Museu Correr, em Veneza (Ms. Classe III 108): *Comissione del doge Girolan Priuli a Vettor Correr potestà di Torcello, Mazzorbo e Burano*. É uma miniatura realmente inovadora, em que a Justiça se funde com a Prudência, com duas faces, sendo uma masculina e outra feminina.

3.3. Palavras do Direito

As questões relacionadas com o Direito encontram, nas diversas línguas, sobretudo duas famílias de palavras: ou se fala propriamente de "Direito", ou de "Jurídico". O conhecimento da etimologia e da simbologia, conjugados, permitem compreender esta dualidade.

As palavras gregas que designaram ideias próximas do Direito terão sido: *thémistes*, o ordenado por *Thémis*, inspirada por Zeus, e *dikaion*, o declarado por *Dikê*, o que relaciona a palavra com um julgamento. *Thémistes* é o que é ordenado, *dikaion* é o dito, solenemente declarado. Trata-se, evidentemente, de conceitos intelectualizados de Justiça. Outros propõem que *dikaion* deriva das duas partes iguais, *dika*, por que se faz qualquer "partilha" judicial. *Dikasthês*, juiz, significa também "o que divide em dois".

Mas onde a imagem e o símbolo mais se espelham nas palavras é em *isos*. Enquanto as palavras precedentes apelam sobretudo à parte divina e intelectual do símbolo, acessível apenas aos mais cultos, vão-se criando paralelamente expressões que, sublinhando outros elementos simbólicos, vão poder claramente tocar os espíritos menos preocupados e especulativos.

Além da deusa, há a balança. Há Direito quando os pratos se encontram equilibrados, iguais – *ísos*.

O *íson* é o igual, o equilibrado. Esse o sentido popular de justiça na Grécia. As palavras romanas sofreram semelhantes influências e procedem de razões análogas. * *youes (ou ious)*, o que *Iupiter (ou Iovis) iubet* (ordena), terá sido a primeira palavra a designar o Direito. Depois, surgiria *Ius*, o que a *Iustitia dicit* (declara). O paralelo com *thémistes* e *díkaion* é patente.

Mais tarde, e confirmando a analogia, surge, a nível popular, *rectum* (talvez derivado do indo europeu *rek-to)*, reforçado pelo prefixo em *derectum,* e que evoluiu mais tarde para *directum* (numa forma mais erudita, que conviveu com a primeira, popular), o qual é o étimo próximo dos actuais *Direito, Derecho, Diritto, Droit, Drept*, etc., tendo ido os anglo-germânicos buscar a origem dos seus vocábulos *raihts, riht, reht, rettr*, e actualmente *right* e *recht*, às fórmulas mais arcaicas. *Derectum* designava a posição vertical do fiel da balança romana, o que, aliás, só é possível quando os dois pratos se encontram em equilíbrio. Na verdade, a justiça vertical e a justiça horizontal correspondem-se.

Eis como, mais uma vez, esta imagem visual de paridade tocava as gentes simples. Uma coisa era o *derectum* (direito), e outra seu contrário, o *tortum* (*o* torto). Com o estoicismo e o cristianismo, porém, esta visão espacial, geométrica, eticizou-se, e então o antónimo de *derectum* deixou de ser puramente o torto, para passar a ser (numa importação de palavras eruditas), o *iniustum* (injusto), o *iniquum* (iníquo), etc.

Mas as palavras do Direito têm na sua vizinhança uma série de outras que com elas comungam de vários elementos. Desde logo, a *ius* têm sido atribuídos outros e vários étimos e afins, cada qual com o seu interesse e muito significado: o iraniano avéstico *yaos* – que tem a ver com "purificação"; ou o sânscrito *yu, yug, yung* ("liame" ou "ligação"), *yeus* ("união", "harmonia", "ordenação"); ou *yuns* ("puro", "bom", "santo"); ou, no próprio latim, a ligação de *ius ou jus* com *iurare/jurare* (prestar juramento, jurar), etc., etc. Ou com o indo-europeu *yeus* e *rek-to*. Por outro lado, atente-se que *directum* é também o particípio passado de *dirigere* (dirigir), o qual é um verbo composto de *di* (partícula de enfatização, aqui valendo no sentido da firmeza), e *regere* (reger, governar), o qual tem como particípio passado *rectum*. *Regere* não pode deixar de nos sugerir *rex* (rei), e não será estranha também a *regula* (regra), muito próxima, no sentido, de *norma* (norma), como instrumentos de traçar rectas (afinal, trata-se de réguas). *Rex* também se aparenta com *órégô,* cujo significado é o de "estender em linha recta".

Assim, as relações entre a realeza, a norma, o traçar de uma linha, no fundo, o reger, o governar, e o fazê-lo por forma *direita,* juridicamente, são claras, até pelas afinidades linguísticas.

Mas é evidente que as etimologias são, se bem que fascinantes, muitas vezes fantasistas e perigosas. Isidoro de Sevilha é autor de umas *Etimologias* com muito interesse, embora nem sempre se possa afiançar a veracidade de todas as origens de palavras que estabelece.

São prodigiosas as associações que Harold Bayley (*The Lost Language of Symbolism*) estabelece a partir da simples raiz *ak*, significando, parece, "grande" ou "poderoso" – desde Carnac na Bretanha e Karnak no Egipto ao deus Pachachamac, no Peru.

CAPÍTULO 4
Fundamentação do Direito e Dimensões jurídicas

4.1. Necessidade de Fundamentação jurídica

É difícil conceber o Direito como ordem de Justiça, como seu objecto, como seu instrumento no mundo real e concreto se não se tiver uma ideia sobre o ser das coisas, sobre a ordem mais alta, íntima e profunda do Ser. Pode dizer-se, como alguns autores do realismo escandinavo, que a Justiça é um argumento passional. Nesse caso, o Direito é simplesmente uma matéria argumentativa, sociológica, e, em última instância, é um instrumento da política. Mas se quisermos um Direito justo, com pelo menos alguma autonomia face à álea dos jogos do poder, haveremos de fundamentá-lo numa Ontologia.

Como se sabe, a Ontologia é a parte da Filosofia que estuda o Ser, a existência em geral, independentemente dos casos particulares. Por vezes, esta disciplina é identificada com a Metafísica, a parte que nos estudos de Aristóteles vinha depois da Física, a qual, esta sim, estuda a existência em casos particulares (os entes físicos). É também necessária uma Metafísica e até eventualmente uma Teodiceia do Direito. Sem essas bases filosóficas, o Direito arrisca-se a ser uma mera técnica não pensada e sem fundamento, mera burocracia e coacção.

4.2. Dimensões do Direito: da Ontologia à Teleologia

O Direito tem um ser (ontologia), um modo de ser (etiologia), a qual, aliás, poderá ter uma dimensão de normal funcionamento (fisiologia) e outra de violação ou infracção (patologia), retomando os termos da ciência médica. Tem ainda uma Teleologia – uma finalidade. O Direito é uma disciplina profundamente teleológica. A sua lógica está orientada para a teleologia, para fins, para a Justiça, sobretudo. Conceber um Direito sem fins é criar um contra--Direito, uma anti-Justiça. A lógica (ou o sentimento) não resolve tudo. São precisos os valores e os fins.

Os fins são objectivos que impulsionam os meios: e estes àqueles se devem subordinar.

Os valores valem por si e em si: jamais serão meios. Pode dizer-se que os valores são, neste sentido, em si mesmos "fins", com justificação própria – o próprio *valer* autonomamente.

4.3. Dimensões do Direito: Dos Valores aos Direitos e Deveres

É muito importante a presença dos valores no Direito. A disciplina jurídico-filosófica que os estuda é a *Ética jurídica* (que estuda também, designadamente, as *virtudes* juspolíticas), a qual se integra (conjuntamente com a *Estética jurídica*) na Axiologia jurídica. Hoje, a presença dos *valores* (políticos e jurídicos e juspolíticos) no Direito é mais clara, pela sua posição, designadamente em constituições. Positivação essa que chega a ser explícita, como logo no início da Constituição espanhola de 1978. E uma nova "pirâmide" jurídico-axiológica se estabelece, menos susceptível de crítica positivista: No topo, estão os valores (cuja dimensão subjectiva são as virtudes). Estes se desdobram em Mega-Princípios (como o do Estado de Direito, Republicano, Democrático) ou Princípios--tópicos (como *in dubio pro reo, nullum crimen sine legge*). E os Princípios são concretizados em normas, que estabelecem direitos e deveres e outras categorias menores.

CAPÍTULO 5
O Jurista como Indagador e Tipos de Juristas

5.1. Autognose

O Jurista é um indagador, não é um fazedor simples. Tem de conhecer o mundo, e para isso tem de conhecer-se primeiro. Pratica a autognose e a heurística. *Conhece-te a ti próprio* era a divisa de Sócrates (tirada de dístico do frontão de um templo) e, além do ponto de partida de toda a introspecção psicológica, instrumento vital da reflexão filosófica. Conhecer-se não é tarefa nada fácil: até porque não nos vemos sequer física e aparentemente a nós mesmos senão através dos outros (ou do espelho) – que fará vermo-nos por dentro! A autognose é *gnose* (conhecimento) do próprio, pelo próprio *(auto)*. Não havendo bom juiz em causa própria, impõe-se, porém, frequentemente, esta auto-avaliação. É um treino vital para os juristas: começar por se julgar a si mesmo.

Fala-se em autognose social, ou colectiva, para designar o esforço de compreensão de si própria de uma colectividade. Tal como ao nível individual, as sociedades representam-se de forma subtil, muitas vezes camuflada, com fórmulas que relevam do mito e do símbolo, e não raro dando curso a falsas consciências. Que alguns identificam com a "ideologia". Porém, ideologias são também filosofias políticas para consumo geral, como os "-ismos".

5.2. Heurística

Heurística é a disciplina ou actividade que, movida por uma inspiração, uma intuição, ou um acervo de quaisquer tipos de dados ou informações em tensão com um problema a resolver, formula hipóteses, percorre pistas e indica caminhos na senda da progressão dos estudos – tendo em vista solucionar a problemática em causa. A heurística, fulcral na história jurídica e muito útil na sociologia do Direito, como meio para encontrar teorias explicativas ou mesmo os próprios factos relevantes, tem também o seu lugar – e de não menor importância – no Direito positivo e prático, onde não raro as questões se têm de ir resolvendo por tentativas, por hipóteses explicativas, e pelo "feeling" ou "faro" jurídico, próprio e quase se diria "inato" nos juristas por vocação. Todavia, esta capacidade intuitiva e criativa também se treina e adquire pela frequentação dos bons juristas, quer no convívio e na prática forenses, quer no aturado estudo dos clássicos da doutrina e da jurisprudência.

5.3. Tipos de Juristas

Perante um caso prático a resolver, o jurista por vocação como que imediatamente irá intuir uma solução, nem sempre canónica, mas invariavelmente inteligente e razoável. Já o jurista por esforço, por estudo, por método, chegará a uma solução sempre por vias convencionais, estudadas, e não é certo que o caminho o leve ao melhor lugar, nem que seja o mais adequado ao bom senso, na situação concreta. A procura jurídica de um e de outro relevam de diversa *heurística*.

Na verdade, vários espíritos (mais de finura ou mais de geometria) têm historicamente sobrevivido nas fileiras do Direito. Perguntamo-nos se esse pluralismo é vocação. Ou se não terá tido parte nele um factor social perverso: o envio pelas famílias abastadas ou desejosas de ascensão para o curso de Direito dos "filhos-famílias" que não soubessem Matemática mas ainda assim tivessem ambição (ou as famílias por eles). Caso a ponderar.

CAPÍTULO 6
Acção Científica e Acção Prática

6.1. Epistemologia do Direito

A construção de uma ciência, ou de uma simples *episteme* (que não tem as pretensões de cientismo de uma "ciência" "científica" tradicional: essas de "bata branca") é o desembocar de reflexões sistemáticas e de generalizações relacionais sobre uma área do conhecimento com um conjunto de requisitos hoje muito vasto como a autonomia relativa de objecto e método, um escopo próprio, a existência de um conjunto de cultores específico e um problema original a resolver. É este o culminar de muitos estudos. Mas a *episteme* não esgota os problemas dos cultores de uma área de estudos. Precisam de reflectir sobre o próprio objecto já tornado ciência. E isso é epistemologia. Epistemologia enquanto *episteme*, por seu turno, é a área da Filosofia, e mais especificamente da Teoria do Conhecimento (ou Gnoseologia), que estuda as ciências (*lato sensu*), o seu objecto, o seu método, a sua existência e sentido, a sua autonomia, as suas relações recíprocas. Podemos também autonomizá-la da Gnoseologia como disciplina autónoma. E às vezes considerada de algum modo como pré-filosófica.

Como veremos, o Direito autonomizou-se como uma *episteme sui generis*. Com dimensão artística, científica e técnica. Embora seja sobretudo uma arte: o que poucos, mesmo juristas, sabem... ou disso se apercebem. O estarmos habituados a chamar "ciências" a todas as áreas de estudo não facilita o conhecimento do que sejam, verdadeiramente, os requisitos de uma ciência. Por outro lado, o enorme prestígio das ciências positivas, físicas, naturais, "duras", hoje, a par da conotação das artes com a falta de rigor, o onírico, o subjectivo, e até o charlata-nismo, não contribuem nada para que gente que gosta de ser competente, rigorosa, objectiva e séria, como os juristas e candidatos a juristas, se prestem a identificar-se com cultores de uma arte.

Na epistemologia jurídica particular se costumam analisar os ramos do Direito ou suas disciplinas, e na epistemologia jurídica geral se confronta o Direito com outras dimensões normativas, sociais, epistémicas, etc.

6.2. Liberdade e Condicionamento

Desde que nascemos, mesmo antes de termos consciência do mundo e de nós mesmos, já os outros comentam o nosso legado genético. Primeiro, é claro, sob o ponto de vista físico. E depois, aos poucos, no plano psicológico. Pois não é verdade que logo os parentes e amigos rodeiam o indefeso bebé e lhe começam a atribuir parecenças com este ou aquele familiar? O legado genético manifesta-se, claro, nessa possível semelhança de aparência com progenitores, mas vai muito mais longe. Afinal, toda a espécie humana se aparenta e se assemelha entre si. Há assim características que se herdam dos pais, dos avós, dos bisavós... e da Humanidade.

Nem tudo é herdado, claro. O Homem é até, de entre os animais, dos seres que menos herda (menos instintos tem), e, por isso, é dos animais mais indefesos. Com falta de defesas naturais, criou defesas culturais. A História é a Memória da Humanidade, é a sua segunda natureza, o substituto do instinto. Esse é o legado cultural e espiritual. Há, porém, o genético. Nenhum deve ser descurado se quisermos compreender bem o Homem.

Tudo isto tem muitas consequências para o Direito. Os estudos sobre os gémeos revelam que nem tudo se herda e nem tudo se adquire. Aí está um fundamento científico da liberdade humana, base da responsabilidade que alicerça, por exemplo, o princípio da culpa. Se o Homem fosse escravo das condições sociais, ou submetido aos seus instintos, não seria livre e o Direito seria uma violência.

Ou, no mínimo, uma técnica de autodefesa social pouco relacionada com as motivações e as escolhas dos indivíduos que caíssem nas suas malhas. Embora se tenha que reconhecer que a autodeterminação pessoal é, em muitos casos, limitada. E sempre a culpa penal, por exemplo, tem de ter em conta essa "liberdade" e seu grau.

Contra a férrea ditadura do legado genético ou mesmo de uma determinação absoluta do meio social está a teoria do Livre Arbítrio, que é a caracterizadora do Homem, um dos traços que lhe dá Humanidade, e que consiste na radical possibilidade de decisão e opção entre o Bem e o Mal. E mais ainda, entre várias possibilidades, que por vezes são cinzentos entre as opções eticamente mais radicais. Apesar dos condicionalismos, o Homem pode escolher. E é portanto *capaz de Bem*. O que não significa que a estrada do bem não seja muito mais fácil para uns do que para outros, e que devamos cruzar os braços ante a fatalidade de a uns só se apresentarem escolhas más ou más e menos más, e a outras boas e óptimas.

CAPÍTULO 7
Aproximação à Origem e Fundamentação do Direito Positivo

7.1. A resposta sócio-axiológica

Coloca-se a questão da fundamentação filosófica do Direito positivo em concreto em cada caso. Uma das respostas é a sócio--axiológica. Segundo esta resposta, em cada lugar e em cada época há uma maneira geral de pensar das pessoas tidas como rectas, honestas. É uma consciência pautada por eixos morais (daí ser *axiológica*), e por convicções sobre o que é direito ou "torto", no plano jurídico (daí ser também jurídica). Essa forma de pensar que vigora em cada sociedade concreta é a sua consciência axiológica--jurídica vigente. E com base nela deve o legislador *latissimo sensu* transmutar o que será Direito em estado bruto ou sincrético em Direito Positivo.

Muda esta consciência com o tempo e o lugar, mas a ideia de Direito Natural e a de natureza humana dariam a esperança de que, embora vária, tal consciência tem um fundo comum, ou seja, que haveria uma eticidade básica comum a todos os homens, ou, pelo menos, aos rectamente formados.

7.2. As críticas relativistas e as crítica às críticas

Esta primeira posição esbarra imediatamente com o argumento relativista segundo o qual os homens não pensam nem sentem nem avaliam todos da mesma forma, a qual pode facilmente encontrar inúmeros argumentos abonatórios tirados da Antropologia, da Sociologia e da História.

A esta perspectiva se objectará, porém – chegando-se obviamente a um impasse – que a questão não é o reconhecer-se que há homens que pensam mal, sentem mal, avaliam mal, decidem mal e agem mal. Na verdade – dir-se-á – muitos são os exemplos de mal no mundo. Mas não é esse ser apenas que determina o que deve-ser.

Não podemos esquecer que, para quem não entenda, de forma positivista, o Direito como mera decorrência da força, não serão sequer o Direito Natural ou a Moral ou a Ética normativa que implicarão decisões e opções subjectivas e passionais, insusceptíveis de explicação racional. É o próprio Direito que corresponde a comandos que derivam de opções segundo uma certa ideia de justiça, ordem, segurança, etc.

Portanto: ou o Direito é mera correia de transmissão do subjectivismo da Política e, portanto, ou da democracia ou da força – e consequentemente decorre, no limite, de posições insusceptíveis de explicação racional; ou o Direito é autónomo e arranca de uma certa ideia de Justiça, derivada do Direito Natural, da Natureza das coisas, da Justiça, da Moral ou de outra entidade ou fórmula, mas é também, assim, insusceptível de justificação racional.

Conclusão: a crítica de que um Direito ética, moral, religiosa, teórica, filosófica ou jusnaturalisticamente fundado é um Direito não fundado na razão, e decorrente de particularismos valorati-vos é passível de ser devolvida a quem a faz. Porque não há alternativa. Ou a alternativa é mesmo a de que o Direito se autojustifica ou deriva do Poder ou do Costume (que também é poder).

7.3. Mais Dúvidas que Certezas

Mas, ao contrário do que possa parecer, desde já fica a prevenção que a necessidade de fazer notar as fragilidades de nihilismos, cepticismos e relativismos não se pode confundir com a pretensão a um pensamento dogmático. Apenas se procura apartar fórmulas fáceis. Porque realmente nos instalamos incomodamente na *epochê*, suspensão do juízo, e em muitos aspectos o pensamento jusfilosófico, como o filosófico em geral, é aporético, ou seja, é um pensamento de dificuldade, e até de um certo impasse. Por isso é ridículo que alguns juristas peçam à Filosofia do Direito soluções, quando ela sobretudo está apta a devolver-lhes problemas. Temos muito mais dúvidas que certezas. E assim continuaremos, enquanto a sociedade em que vivemos nos permitir pensar. Por isso é que esses juristas de peito muito cheio e de cabeça muito levantada, abundantes de razões e de soluções, acabam por ser simplesmente ridículos. Podem convencer incautos, até inflamar inexperientes, até persuadir auditórios, ganhar causas e obter famas. Mas no plano dos sentidos, do ser, do que mais importa, têm vitórias de Pirro. "Ridiculíssimos heróis"...

TÍTULO II
DIÁLOGOS HISTÓRICO-SOCIOLÓGICOS

> «*A única coisa certa em 'ciência social' é que não há ciência social. Desconhecemos por completo o que seja uma sociedade; não sabemos como as sociedades se formam, nem como se mantêm, nem como declinam. Não há uma única lei social até hoje descoberta; há só teorias e especulações, que, por definição, não são ciência. E onde não há ciência não há universalidade*»
>
> Fernando Pessoa – *Obras*, III, p. 801.

CAPÍTULO 1
Memória e Mito: Os Indo-Europeus

A autonomização do Direito, que a nós, europeus e ocidentais, nos parece já algo de normal, é contudo uma especificidade nossa, e não acontece em nenhuma outra civilização. Apenas a que se construiu sobre a filosofia grega, o direito romano e a ética judaico-cristã viu florescer este signo de liberdade e cidadania. Atenas-Roma-Jerusalém – a tríade que permitiu chegar aqui. E depois o Renascimento, a Reforma, as Luzes e a Revolução Francesa continuaram esse legado.

Não é esta, obviamente, uma posição etnocêntrica. É a explicitação da nossa comum e profunda maneira de ser em matérias essenciais como as do sentido do mundo, do poder e da organização da sociedade. Ainda hoje é complicado aos chineses traduzirem a palavra "Direito" *tout court*, e os muçulmanos mais tradicionais confundem muito direito, política, religião, moral, etc.. Têm uma mundividência diferente.

Para nós, afinal, o Direito "começa" com os indo-europeus. Mas quem eram os indo-europeus?

Os indo-europeus terão sido um povo antiquíssimo, primordial, antepassado da esmagadora maioria dos povos da Europa, e também da Índia. A sua herança é mais profunda do que se possa julgar. Além de palavras básicas – como as do parentesco, algumas espécies naturais, etc. –, do vocabulário das línguas desses povos se assemelharem, e sobretudo se assemelharem já as línguas-mães das que hoje se falam nessa área, há uma visão comum do mundo, manifestada em comuns ideias sociais, religiosas, políticas.

A fundamental dessas ideias básicas é a trifuncionalidade social. Isto é, tal como os seus antepassados, os actuais povos de origem europeia e os indianos concebem a sociedade exercendo três funções – 1) a religiosa, jurídica e política, a primeira em importância e que deve comandar as outras; 2) a de defesa; 3) e a de produção, riqueza, fecundidade, bem-estar. Desta visão das coisas decorreu a divisão dos deuses indo-europeus ou da suas classes sociais: três deuses principais para cada uma das funções (em Roma: Júpiter, Marte e Quirino; nos países nórdicos: Odin, Thor, Frye – em ambos os casos respectivamente para a política, a guerra e a economia), três classes sociais para as exercer (clero, nobreza, povo). É muito interessante notar como continuamos, mesmo sem disso darmos conta, a pensar nesse ritmo ternário...

Não só a repartição é trina, ternária, como procedemos a sucessivas divisões dessas e doutras dimensões. A Filosofia, grande árvore, subdivide-se em múltiplos ramos científicos, que se autonomizam. Da primeira função dos indo-europeus se vão também autonomizar o Direito, no mundo clássico antigo (*suum cuique*, nem mais nem menos, com juristas "sacerdotes do Direito"), a Religião separou-se do demais com o Cristianismo (Jesus diz: "A César o que é de César"), depois a Política independentizou-se das restantes dimensões, no Renascimento (tradicionalmente fala-se d' *O Príncipe* de Maquiavel como esse momento simbólico de corte).

Ao separarmos as coisas complexificamos o nosso mundo, mas tornamo-lo também mais livre.

Sempre que, ao longo da História, se procurou fazer o caminho inverso (da divisão e separação das entidades e sobretudo dos poderes para a sua re-unificação) perdeu-se em liberdade. Vejam-se os casos históricos em que se pretendeu acabar com a separação dos poderes (como na Convenção francesa, ou nos sovietes russos). Ou quando as religiões pretendem esquecer a separação das esferas de competência que Jesus admiravelmente mostrou com a moeda de tributo a César (Mt. XXII, 21; Mr. XII, 17; Lc. XX, 25).

CAPÍTULO 2
O primeiro Livro "Sagrado": *Corpus Iuris Civilis.*
Da actualidade do Direito Romano

No século VI, o imperador bizantino Justiniano procedeu a uma notável obra de compilação jurídica. Graças a ele se não perdeu boa parte da herança jurídica romana. A este imperador do Império Romano do Oriente devemos o *Corpus juris civilis,* monumento jurídico muito variado que inclui normas legais novas (Novelas, ou *Novellæ*), um código (*Codex*), um manual para uso escolar (as Instituições, Institutas ou *Institutiones*) e o Digesto ou Pandectas (*Digesta* ou *Pandectæ*). Este Digesto é uma recolha sistematizada de textos clássicos de direito, dos maiores juristas dos tempos áureos do Direito Romano – sobretudo Ulpiano, Gaio, Papiniano, Paulo e Modestino.

Coube ao jurista Triboniano a coordenação dos trabalhos, em que terão participado quatro professores "universitários" e onze advogados. É ainda para nós um mistério saber-se como uma tal obra (abrangendo mais de 9000 fragmentos e que veio a servir de base aos estudos do Direito durante séculos) pôde ficar concluída em apenas três anos.

A fortuna desta obra foi enorme. Harouel, na *Histoire des institutions de l'époque franque à la Révolution*, é claríssimo: «(…) ce que l'on a pu appeler le plus grand livre de l'Europe après la Bible: le *corpus juris civilis*».

Não se tenha ilusões sobre o sentido e valor actual das soluções concretas do Direito Romano. Ele é sobretudo uma bela ilustração da formação, apogeu e decadência de um sistema normativo que foi pioneiro, sobretudo pelo seu corte epistemológico. Se o

Direito Civil ainda é muito tributário de soluções romanísticas de base, pode já perguntar-se se os novos paradigmas de um direito altruísta (menos "anticristão", como Agostinho da Silva chamaria ao *Ius Romanum*) não poderiam passar a inspirar os civilistas. Quanto ao Direito Público romano, ele é sobretudo importante como *história* e até "moral da História".

Felizmente, pelo Mundo fora, já vai havendo quem, sem renegar o passado e a História, seja jurista de futuro. Como, por exemplo, esses civilistas que pensam *constitucionalmente* e progressivamente a sua área, e contribuem, até, para um Direito civil constitucional. O que significa também aproximar mais o Direito Privado dos valores e princípios trans– ou ultra-individuais.

CAPÍTULO 3
Mitos

3.1. Antígona ou a Revolta contra a Injustiça

Antígona é uma heroína mítica, filha de Édipo e Jocasta, e principal protagonista da peça homónima de Sófocles. Após a abdicação do rei de Tebas, Édipo, que acabara tragicamente por saber-se parricida e incestuoso com sua mãe (embora ignorando-o), suceder-lhe-iam alternadamente todos os anos seus filhos Etéocles e Polinices. Mas o que primeiro se sentou no trono não cedeu a tal rotativismo, pelo que o defenestrado se aliou a forças estrangeiras, pondo cerco à cidade. A peça *Os Sete contra Tebas*, de Eurípides, revela admiravelmente esse minuete macabro nas sete portas da *pólis:* na última, enfrentam-se até à morte (e à desfiguração total, dirá a nova peça de Jean Anouilh) os irmãos inimigos.

Mortos assim os dois pretendentes, Creonte, irmão de Jocasta, tio e futuro sogro de Antígona, é elevado ao poder. Toma uma atitude drástica: um dos cadáveres (feito bode expiatório) será condenado à exposição. E será punido com a pena capital quem, contra tal determinação, ousar dar-lhe sepultura.

Seguindo o seu coração de irmã, Antígona obedece à lei natural (para outros, ao direito natural, para outros ainda ao direito consuetudinário) e ignora as ordens de Creonte (que para alguns também não teriam sido totalmente inéditas). Julgada sumarissimamente, reivindica a obediência a ditames superiores aos que o monarca pode legitimamente editar, e é condenada à morte. A sentença é executada.

Antígona permanece como símbolo da luta contra a injustiça de um poder monista que se obstine em ignorar os sentimentos, a piedade, o costume e a Natureza. Independentemente de se estar, no caso concreto, perante direito natural, lei natural, ou costume jurídico, ou simplesmente piedade fraternal, de índole ética ou moral, o resultado é o mesmo: é um grito de revolta contra uma determinação injusta do poder, que ecoa até aos nossos dias como exemplo de coerência e firmeza em prol da Justiça.

3.2. Shylok ou o Abuso do Direito

Na peça de Shakespeare *O Mercador de Veneza*, encontramos uma personagem algo caricata (mas também com o seu dramatismo em algumas passagens) de um judeu avarento e vingativo que, tendo conseguido fazer um contrato absurdo e iníquo com um honesto mercador, António, pela volubilidade da sorte que a este arruína (a sua fortuna eram barcos no mar, que as tempestades engoliriam) fica em posição de exigir em tribunal – imagine-se! – um pedaço de carne junto ao coração do outro contraente.

Tudo parece correr bem para os seus instintos malévolos, mostrando-se irredutível a todas as alternativas e pedidos do tribunal e dos amigos do pobre António. Mas eis que uma sagaz donzela enamorada, Pórcia, disfarçada de jurisconsulto, vem em substituição de um sábio jurista chamado a opinar: sim senhor – afirma "o eloquente causídico" –, Shylock tem direito à carne, mas não ao sangue, e se fizer verter uma única gota dele, pagá-lo-á caro. A partir daí, de dedução em dedução, Pórcia agiganta as consequências do acto de Shylock, e o judeu sai feliz do tribunal por conservar a pele, embora com indemnizações e compensações acabe por perder parte da sua fortuna. Este o argumento da peça bem-humorada, mas muito profunda, no que a Shylock diz respeito (porque o enredo é mais vasto e complexo, com muitas sugestões para outras realidades e problemas jurídicos).

O litigante de má fé Shylok, que começa por induzir a um contrato claramente contrário aos bons costumes e vai a tribunal agarrado à sua letra para satisfazer a sua raiva pessoal, é um exemplo simbólico não só do querelador judicial que usa o legalismo e a literalidade contra a justiça (compare-se também a peça *Les Plaideurs* de Racine), como sobretudo da atitude intransigente contrária à equidade e à caridade dos secos de alma: faça-se justiça (quer dizer, apliquem-se as fórmulas), ainda que o mundo voe em estilhaços – tal é o lema dos Shylock deste mundo. *Fiat iustitia, pereat mundus*.

Esta máxima sempre parece ter seduzido alguns autores heterodoxos de formação marxista. É o caso de Ernest Bloch, um dos raros seguidores de Marx que abraçou uma original concepção de Direito Natural (v. o seu *Direito Natural e Dignidade Humana*) e mais recentemente de Slavij Zizek (por exemplo, em *Robespierre, virtue and terror*).

Temos as maiores dúvidas sobre se algo que faça perecer o Mundo ainda possa ser considerado *Justiça*. Pelo contrário, se a justiça não pode ser laxista, ela não deve ser rigorista ao ponto de tudo deitar a perder. Pois se esquece que a obra dos juristas é (deve ser) Jurisprudência (juris-*prudência*)?

CAPÍTULO 4
Antepassados e Parentes dos Juristas: Sofistas, Goliardos e Intelectuais

O Direito formou-se a partir da filosofia grega e do génio prático, político e organizativo dos romanos. Aí nasce o jurista. Mas o Direito viria a perder a sua especificidade na Idade Média, logo que os bárbaros dominaram o Império Romano do Ocidente: voltou a síncrise entre o Direito, a Moral, a Política, a Religião, etc., até nova divisão de águas, só com Tomás de Aquino, no séc. XIII.

A figura que na Grécia clássica precede o jurista, e contra a qual nasce a Filosofia e a promessa do Direito, é a do sofista. Em geral, o sofista é um logógrafo, vendedor de palavras, que ensina qualquer um a defender qualquer causa. Embora o sentido crítico, a dúvida e a capacidade retórica dos sofistas tenham, cada uma por seu lado, constituído um progresso que viria a preparar terreno para desenvolvimentos ulteriores de liberdade. Por vezes, assim acontece: há fenómenos à partida negativos que acabam por constituir involuntário instrumento de finalidades superiores. Os sofistas prepararam o terreno para os retóricos *proprio sensu*, que foram imprescindíveis para a formação jurídica e, no limite, para toda a cultura ocidental durante muitos séculos. Encontrando-se a retórica hoje também em recuperação. Os sofistas são, afinal, avós do necessário *perspectivismo* e da imprescindível *dialéctica*.

Na Idade Média, outras figuras nem sempre positivas prepararam o terreno da crítica e da irreverência, tão importantes ao espírito independente dos juristas. Por exemplo, os goliardos. Os goliardos eram estudantes, religiosos ou não, que andavam de terra em terra, de universidade em universidade, levando uma vida agitada, aventurosa, pobre e de costumes menos ortodoxos. Eram os intelectuais 'do contra" na Idade Média. Tudo ridicularizavam – a religião e os grandes, mas também os ignorantes camponeses. Escrevendo e cantando no saboroso latim medieval rimado, produziram uma poesia de exaltação do prazer e crítica social, em regra anónima.

Por entre a multidão de exageros e lugares-comuns (como em toda a literatura de grupo e empenhada) surgem algumas peças de grande lucidez e valor artístico. A colectânea *Carmina Burana,* adaptada modernamente pelo grande compositor musical Carl Orff, dá-nos uma ideia desse valor. Os intelectuais do tipo goliardo, quando não são folclore, podem constituir o *sal* ou a *pimenta* na cultura. Sabemos contudo que se não pode exagerar nos condimentos.

Os intelectuais, os homens dedicados ao pensamento ou à cultura, sempre tiveram uma condição especial na sociedade. Desde sempre estiveram nas cortes e nos palácios, mais ou menos bem tratados pelas suas habilidades artísticas ou puramente mentais. Aí, têm de ser bem comportados, a menos que façam a figura de bobos da corte – criaturas malditas a quem tudo é permitido dizer pelo preço de não terem nenhuma afeição. Para além dos intelectuais oficiais, que sacrificam a verdade aos benefícios do poder, sempre houve também intelectuais marginais, que se comprazem precisamente em desdizer tudo o que é oficial e estabelecido. Só na nossa sociedade moderna (a partir do século XVIII, mas especialmente desde o fim da II Guerra Mundial) as coisas andam confusas, porque passou a ser moda no poder e na classe dominante ouvir dizer mal de si própria – até certo ponto, claro. Pouco tempo antes de perder a cabeça na guilhotina, a inconsciente corte francesa deliciava-se com as ideias revolucionárias que a iriam levar ao cadafalso. A virtude está, como é costume, no meio, no evitarem-se os exageros. O intelectual autêntico tem compromisso com a verdade, o bem, a justiça, o estudo, e não com o poder, a riqueza, ou o contra-poder e a subversão. Conta-se que Aristóteles, talvez o maior sábio de todos os tempos, que foi amigo e discípulo do filósofo Platão, terá dito um dia: "sou amigo de Platão, mas sou mais amigo da Verdade". E a partir daí formou a sua própria escola, o Liceu. Enquanto para muitas pessoas as opiniões e o que afirmam como certo e verdadeiro dependem dos seus interesses mesquinhos, particularistas, para os intelectuais tal só deve depender do que efectivamente acham mais correcto. Por isso é que o filósofo – o que ama a sabedoria – não pode ter preocupações imediatas, e nunca será rico ou poderoso. É que pensa pela sua cabeça e não pelo seu interesse pessoal e imediatista. Julien Benda, falando de intelectuais e de seus afins, escreveu um livro que ficou célebre, sobretudo pelo título, como acontece frequentemente: *La trahison des clercs*. Quando será altura dos *clercs* se arrependerem e se regenerarem?

Alguns confundem crítica, anti-dogmatismo e dúvida metódica com anomia, escândalo, relativismo corruptor. Entre a demolição sistemática e o hábito mortal da negação, por um lado, e a hipócrita, acrítica ou ingénua submissão a poderes e a dogmas, por outro, há ainda um caminho: o caminho da Razão construtiva, da fidelidade à constante busca das verdades possíveis, alcançáveis, e o compromisso com os valores mais altos da Humanidade.

As nossas sociedades contemporâneas precisam do *suplemento de alma* e do *ácido cínico* que só os intelectuais podem fornecer. Precisam como de pão para a boca. Se não vier o auxílio desinteressado dos que ainda pensam (e pensar, em tempo de crise, é o verdadeiro *luxo*: todos se preocupam e afadigam com a sobrevivência ou o lucro), poderemos ter de dar razão a Benda, que assim termina o seu célebre ensaio:

"E a história sorrirá de pensar que Sócrates e Jesus Cristo morreram por essa espécie".

CAPÍTULO 5
A Congregação

5.1. Os Juristas

O Jurista não é apenas um homem de leis. Também não é, à partida, advogado ou juiz, conservador ou notário... O curso de Direito, ao contrário de muitos outros, não forma profissionais, forma pessoas com um certo espírito, com uma dada sensibilidade e conhecimentos que lhes irão dar a base para depois, estudando e praticando, poderem exercer várias profissões, jurídicas e parajurídicas, e outras. O licenciado em Direito não sai advogado, precisa de estagiar e praticar muito. O mesmo para quem queira ir para juiz, ou delegado do Ministério Público.

A Universidade não pode fornecer aos juristas senão as bases ge-rais, que eles depois aprofundarão em novos estudos especializados, relativos à profissão que abraçarem. Calamandrei ficou espantado como os práticos britânicos não ensinavam Direito Processual numa prestigiadíssima Universidade inglesa que visitou. Isso é propositado – explicaram-lhe – pois a prática não se pode ensinar teoricamente.

Os juristas sempre tiveram muita importância na sociedade. O deus principal dos povos indo-europeus, chame-se ele Zeus, Júpiter, ou Odin..., era um deus jurista. Com atributos religiosos, mágicos e políticos, mas também jurídicos. Quando o deus principal de uma civilização é jurista, os juristas não estão sem protecção. E, no panteão católico, Santo Ivo é também seu patrono no céu.

Em Roma, os pretores eram magistrados importantíssimos e os jurisconsultos seus auxiliares muito reverenciados. Na Idade

Média, os "legistas" (juristas da época) foram protegidos dos reis contra os senhores feudais, pois defendiam uma "soberania" decerto inspirada num poder de tipo romano, contra a pulverização senhorial. Na Idade Moderna, enriquecendo com os mercadores, filhos de mercadores, os juristas lançaram-se ao assalto do poder. E a Revolução Francesa levou aos parlamentos sobretudo os advogados.

Só há muito pouco tempo os juristas têm sido apeados das suas posições preponderantes, a chamada posição de "centrabilidade", na sociedade, no fulcro do poder e no imaginário social. Fornadas imensas de estudantes procuram o curso de Direito, e saem muitos formados menos preparados, que o mercado de trabalho não pode absorver. Entretanto, o consumismo e a adoração da técnica promoveram os tecnocratas. E começa a haver graduados em Direito que veneram somente as divindades da eficácia, da técnica, que são o rosto visível do grande-deus Mamon.

A qualidade da legislação tem descido, as soluções são menos ponderadas, sente-se a falta do saber milenário dos juristas, mesmo na sua própria casa. E os juristas encontram-se mais acantonados, sem poderem fazer os demais usufruir da sua excelente racionalidade, do seu verbo eloquente, da sua prudência de séculos, de tantos saberes de que são quase exclusivos cultores ainda. Mas que se arriscam a perder com a sua própria barbarização... O jurista tem no mundo actual um papel importantíssimo a desempenhar. É que, perante um universo de incultura e especialização, ele tem de continuar simultaneamente a saber do seu ofício e a compreender os dos outros, como especialista de ideias gerais, como "tradutor" universal e culto, numa sociedade de compartimentos estanques. Mais ainda, numa sociedade plural e de antagonismo, o jurista é um interlocutor e um medianeiro privilegiado, com a sua particular prudência, tacto, diplomacia e pragmatismo. Finalmente, num momento de massificação, o sentido crítico que o ofício interpretativo dos juristas apura é uma garantia da liberdade de todos, porque se há coisa que une os juristas é a sua independência de espírito, o seu amor ao ar puro de um céu sem totalitarismos. E o seu sentido de humor, que tanto irrita os sisudos especialistas de outros ramos – não todos felizmente. Por isso, quando se vir um jurista atento, venerador e obrigado aos poderes, servil, bajulador, dependente, coca-bichinhos sem alma, sem cultura e puxando de pistola quando dela falam, e sem sentido de humor, então, esse será o protótipo do anti-jurista, por muita fama que lhe apregoem, por muito que os *media* o celebrem, por muitos diplomas que acumule e honrarias que possa receber.

Evidentemente, há também a sombra, o outro lado deste panegírico. Não existe um jurista em estado puro que só evidencie todas estas qualidades. Mesclam-se, por vezes, com a excelência jurídica excesso de racionalismo, legalismo *à outrance*, além de vícios pessoais como a vaidade, a sobranceria, o elitismo, etc. Mas há neste terreno mil virtudes a cultivar e a servir de exemplo.

5.2. Carreiras. Profissões jurídicas e de juristas

Os juristas existem para que se faça mais justiça no Mundo. Essa é a formulação (de uma estudante do Prof. Lombardi Vallauri) que mais nos impressionou e que parece com mais razão de ser. Entretanto, os juristas dispersam-se, e muito bem, por várias carreiras profissionais, várias frentes dessa luta pelo Justo. Mesmo umas jurídicas e outras nem sequer jurídicas.

Será supérfluo enunciar alguns dos actores principais do drama da Justiça? No mundo de hoje, nada é supérfluo em matéria de informação fundamental, porque os cânones se romperam, e ninguém sabe o que os outros sabem, nem suspeita o que os outros ignoram. Por isso...

O juiz é o magistrado que decide a solução dos casos em litígio. O delegado do Ministério Público, que é também um magistrado judicial, a que erradamente se atribui frequentemente o papel de acusador (até na expressão popular "advogado de acusação"), deve contribuir, de forma independente, para o apuramento da verdade. Sociologicamente, porém, parece detectar-se que a maioria das vezes desempenha mesmo o papel de acusação. E na separação das magistraturas, um dos argumentos que pesou para que os juízes não começassem a sua carreira pelo Ministério Público terá sido precisamente o de que se não poderia passar os primeiros tempos da carreira, essenciais para a formação, acusando, e depois, chegando a lugar mais alto, de juiz, mudar de perspectiva, julgando com imparcialidade. Como que se dizia que quem aprende acusando não aprende a ser terceiro independente. Hoje o problema é muito mais complexo, e não pode ser assim linearmente colocado. O Ministério Público do futuro não será estigmatizado com a ideia de "acusação", mas terá passado a imagem de defensor do interesse público, do bem comum e da Justiça, designadamente, até da defesa dos mais fracos e das suas causas.

Os advogados representam a voz dos vários interessados nos processos. Mas nenhum advogado é forçado a aceitar uma causa contra a sua consciência, embora todos (mesmo o aparentemente mais vil facínora) tenham direito a uma defesa. Defender não é sempre pedir a absolvição de um réu. Pode ser apenas aduzir argumentos atenuantes. Pode-se defender um réu declarando-o culpado. A própria confissão é, no nosso direito, uma atenuante. Embora sociologicamente haja quem detecte um comportamento menos benévolo hoje para os réus confessos do que outrora. Resultado de um outro entendimento da culpa, do arrependimento, do perdão, menos ligado a concepções religiosas cristãs? Quem sabe...

Os consultores jurídicos, conservadores de registos e notários encontram-se do lado profiláctico, preventivo, do direito. A sua missão é prevenir, para se não ter que remediar, em tribunal. Assim, o consultor jurídico, normalmente ao serviço de uma empresa ou outro organismo privado ou público, procura responder a dúvidas suscitadas na aplicação normal do Direito e zelar por que não sejam cometidas ilegalidades, nem injustiças jurídicas. Deve também prever as consequências jurídicas a praticar pela sua organização e imformar os decisores sobre tais consequências.

O notário está especializado especialmente na verificação da autenticidade e requisitos de actos não judiciais, dando-lhes forma legal. Por exemplo, há contratos que exigem uma forma especial, dada a sua particular importância. Um dos deveres do notário é explicar oralmente às partes do negócio o sentido do acto que vão praticar, com a finalidade de prevenir quaisquer erros. A função notarial é pública ou privada ou mista, conforme os países. Em Portugal, assistiu-se nos últimos anos à privatização notarial, a par da simpificação de muitos actos e ao fim do monopólio dos notários relativo a certos actos, doravante da competência de mais entidades.

Os conservadores de registos estão encarregados de processar os livros oficiais de registo, da maior importância para saber o que é de cada um. No futuro, terão decerto que operar apenas com computadores. Os registos prediais tornam eficazes face a terceiros os títulos sobre os imóveis, os registos civis estabelecem as relações pessoais (nascimento, parentesco, a começar na filiação, casamento, morte, etc.), e os registos de propriedade científica, literária e artística estabelecem a relação entre tais obras e o respectivo inventor ou criador, etc.

Não sendo propriamente jurídicas, mas aparentadas com estas, para-jurídicas, portanto, são as profissões de diplomata, administrador jurista e economista jurista. Como veremos, estas profissões não são já exclusivas dos formados em Direito, havendo cada vez mais profissionais de outras áreas a ocupá-las. Apesar de tudo (e salvo honrosas excepções), os juristas, pelo seu espírito, cultura e bom senso, ainda são dos que mais cabalmente as conseguem exercer. Mas um jurista que não saiba economia e gestão, ou história diplomática e política internacional, dificilmente terá futuro nestas áreas.

O diplomata é um alto funcionário ligado ao Ministério encarregado das relações exteriores do Estado (em Portugal, o Ministério dos Negócios Estrangeiros) incumbido de representar o seu país junto do governo de outro país ou de uma organização internacional, e daí, com especial *diplomacia*, defender os interesses nacionais – políticos, culturais, económicos, etc. Além de, cada vez mais, os próprios interesses da Paz e da coexistência entre os Povos, que transcendem o simples "interesse" nacional, sobretudo se "mal entendido".

As empresas, convivendo com inumeráveis assuntos de Direito, podem escolher um jurista para, ao nível do conselho de administração da empresa, tratar dos problemas jurídicos. E não raro é jurista o próprio presidente do conselho de administração. Também os há ao nível das direcções, não só jurídicas como de pessoal ou de recursos humanos, assim como de relações públicas e internacionais, além da sustentabilidade, da cooperação, da função social, etc.. Isto graças à tradicional maleabilidade e enciclopedismo dos juristas. A qual, porém, se vai perdendo com a especialização e o positivismo legalista rasteiro. Infelizmente, os tecnocratas não compreendem que o tecnicismo da formação dos juristas não lhes permitirá nunca sair da Universidade como práticos do Direito forense, enquanto a perda de perspectivas interdisciplinares nos *curricula* jurídicos leva-os a perder terreno noutras saídas profissionais.

No plano da gestão corrente, também um "economista jurista", juntando conhecimentos de ambas as ciências que o nome indica, se revela de enorme utilidade na vida diária duma empresa. Os "economistas juristas" recrutam-se, no nosso país, essencialmente nas Faculdades de Direito mais clássicas, as quais, além de cadeiras económicas nas várias especialidades de licenciatura, possuem (o que pouca gente sabe) ainda "graus pós-graduados" em Ciências Económicas ou afins. Pós-graduações, Mestrados e Doutoramentos possibilitam, aí sim, especializações mais refinadas, algumas mais económicas, outras mais humanísticas, outras mais técnicas.

5.3. Deontologia

Falar de deontologia profissional é muito comum, mas constitui uma escusada repetição. Porque toda a deontologia se refere a ocupações, cargos, misteres – no fundo, profissões ou semelhantes. Toda a deontologia é de algum modo profissional. E que vem a ser deontologia? É uma área do saber, estudo sistemático (ou ciência, em sentido lato) de índole social, moral ou humana (não é uma ciência exacta, ou física, ou natural) que se destacou da Ética geral (disciplina que estuda os comportamentos morais numa perspectiva filosófica e não sectária ou sócio-psicológica) por especialização do objecto (interessam os comportamentos específicos de índole profissional). Alia aos elementos éticos de origem elementos jurídico-

-naturais e jurídico-positivos (as leis naturais e as leis positivas também regulam o comportamento eticamente relevante dos deveres profissionais). Estuda e disciplina ou regula (tornando-se assim também uma ciência que impõe comportamentos, uma ciência normativa) os deveres a observar na conduta humana relacionada com o trabalho, a profissão e os cargos desempenhados na sociedade. Se há um estudo deontológico, também há uma prática deontológica, que é a observância dos preceitos deontológicos na vida profissional.

Torna-se evidente que o jurista, e em especial cada jurista na sua actividade profissional própria e concreta, tem absoluta necessidade ter uma deontologia, e de a respeitar.

Os elementos concretos da deontologia das várias profissões jurídicas variam, necessariamente. Mas há elementos comuns de honestidade, lisura, lealdade, prudência, circunspecção (designadamente sigilo profissional) que a todos são comuns.

Dificilmente cumpre a sua função um jurista sinuoso, falabarato, de duas faces, precipitado, sem maneiras, despudorado, indiscreto. Qualquer que seja a sua concreta profissão.

É óbvio que muitas destas qualidades (ou virtudes), não sendo inatas, todavia não se adquirem nas Faculdades, em que os *curricula* se não compadecem com tais questões. Há, assim, paralelamente ao estudo formal, das "matérias" e das "competências", a necessidade de cada candidato a jurista investir pessoalmente na sua autoformação, designadamente do carácter.

CAPÍTULO 6
Sociedade e Direito. Ciências Sociais e Direito

No termo desta introdução sobre problemas e temas em que o Direito se cruza com algumas das Ciências Sociais, importa sintetizar epistemologicamente, concretizando um pouco mais sobre algumas áreas mais sociais dentro e fora do Direito que maior importância têm tido para a Ciência Jurídica.

Já Michel Villey, grande filósofo do direito, mestre de mestres, afirmava: "On ne sauvera le 'droit naturel' qu'en l'harmonisant aux donnés de l'histoire scientifique et de la sociologie du droit" (*Mobilité, diversité et richesse du droit naturel chez Aristote et St. Thomas*, in «Archives de Philosophie du Droit», XXIX, 1984, p. 191). Note-se: mesmo o Direito Natural precisa dessas ciências sociais, apesar de todos os seus pergaminhos de abordagem clássica do Direito.

6.1. Sociologia e Direito, Sociologia do Direito

Numa noção muito simplista, dir-se-ia que a Sociologia Geral é a ciência que estuda o Homem em sociedade, a realidade da interacção humana, os factos sociais, utilizando técnicas de observação e quantificação rigorosas (as quais, no plano quantitativo, constituiriam uma sociometria).

Por seu turno, a Sociologia do Direito não consiste simplesmente na aplicação dos métodos, das técnicas e das preocupações dos sociólogos ao Direito. Depois das grandes esperanças que o século positivista, o século XIX, depositou na ciência sociológica em geral, o entusiasmo por ela tem vindo a crescer, e a sua reputação a alargar-se. Mas a verdade é que, se importantes trabalhos foram sendo feitos desde os primeiros estudos sociológicos de Montesquieu, Tocqueville, Comte e Durkheim, os pioneiros da moderna sociologia) e se nos nossos dias contamos com sociólogos profundos e motivadores, a ciência sociológica também atravessa uma certa crise.

A crise da sociologia, que, por exemplo, um reputado sociólogo e professor universitário como Stanislav Andreski asperamente criticou, resulta de vários motivos.

Por um lado, da imprecisão conceitual e pouco rigor no trabalho de alguns sociólogos menos preparados ou menos diligentes, o que contribui para dar à ciência um ar menos científico.

Por outro, a condução de um certo tipo de investigações de escassos resultados práticos. Como, por exemplo, sucedeu nos EUA. Aí se mobilizaram meios grandiosos para se saber do comportamento dos automobilistas face aos semáforos, e depois de muitas verbas gastas e imensos estudos feitos, chegar-se-ia à conclusão, evidente e intuível à partida, que perante um sinal vermelho se toma uma de três atitudes – pára-se, abranda-se, ou segue-se em frente sem hesitação. *Much ado about nothing...*

Por outro lado ainda, a concepção materialista do mundo, sobretudo nas suas versões marxistas mais ortodoxas (marxistas-leninistas e derivadas), impregnou de tal modo os estudos destas áreas que hoje muitos estudantes os aborrecem, convencidos, e não sem alguma razão, que se lhes está a vender um produto ideologicamente preparado. Afinal, não se trataria de uma ciência autónoma e rigorosa, analista fria de factos, mas uma disciplina com óculos coloridos, tentando fazer ver não os factos sociais como são (o mais próximo do que sejam), mas pintando o quadro consoante os seus interesses políticos. A crise atingiu, evidentemente, a sociologia do Direito; e até por maioria de razão. Na verdade, a doutrina materialista – hoje já menos ortodoxa, mas em todo o modo presa a velhas premissas – pretende, *grosso modo,* fazer crer que são as chamadas infra-estruturas – a base económica da sociedade – que necessariamente geram um dado tipo de Direito, que este é um instrumento ao serviço da classe dominante, e que, portanto, ele nada tem a ver com a Justiça. Dividem-se, depois, entre os que consideram que numa sociedade perfeita (comunista) não haveria Direito e os que, apesar de tudo, admitem um Direito, desta vez não classista – ou a caminho disso. E estes últimos parece, assim, entrarem em contradição. Discutimos amplamente a questão no nosso livro *Geografia Constitucional*.

Muita da sociologia do direito (com minúsculas) é apenas a mecânica aplicação deste esquema gasto. Normalmente, os que consideram que ela é apenas um mero departamento da sociologia em geral para o específico caso do Direito limitam-se a repetir as fórmulas, que só por acaso encaixam na realidade. Aqui e ali desponta alguma criatividade: mas quando há uma abordagem heterodoxa!

Pelo contrário, a Sociologia do Direito (com maiúsculas) é uma disciplina autónoma, e, na medida em que deve sobretudo servir aos juristas para conhecimento da realidade do fenómeno "Direito", deve ser cultivada por pessoas de formação simultaneamente jurídica e sociológica. O sociólogo do direito não poderá jamais alcançar um entendimento real do mundo jurídico sem compreender o Direito por dentro. E para se compreender o Direito por dentro é preciso ser-se algo jurista também. É pela falta gritante de conhecimentos jurídicos e de vivência da realidade prática do Direito que muitas vezes a sociologia do direito parece falar, ao jurista, de um mundo de ficção científica, de um mundo que não é o seu. Quer dizer, uma sociologia do direito preconceituosa, ideológica ou ingénua, sem entender a especificidade e especial *forma mentis* dos juristas, não pode servir o seu objectivo, que é o de descrever a realidade palpável do Direito. O inverso também é verdadeiro, porém. Se durante muito tempo foi a *langue de bois* colectivista e os seus postulados que pontificaram no âmbito sociológico, nada impede que outras correntes (*v.g.*, hoje, ou ontem, o neoliberalismo) ascendam no "mercado das ideias", impondo mais uma cosmovisão mecânica e unilateral.

A Sociologia do Direito é uma ciência social, essencialmente descritiva, sem prescindir, é óbvio, da necessidade de propor modelos e de interpretar os factos – o que implica importante intervenção (ninguém compreende o tigre se não se disser que é um animal feroz; nem a ditadura se não se lhe assacar alguma dureza, inflexibilidade). Já, porém, o Direito não visa sobretudo, por si próprio, compreender o real social mas, uma vez apreendido este (e por isso são importantes as demais ciências sociais como dadoras de visões do real ao Direito), trata-se de enquadrá-lo com moderação em normas ou de interpretar as já existentes. Assim é o Direito uma ciência social (mas *scientia, episteme,* não pura ciência) profundamente hermenêutica, e que é normativa, é prescritiva. O Direito diz o que se deve fazer (nos casos em que seja legítimo impor um comportamento) e não apenas (nem tanto) o que se costuma fazer. Têm-se gerado algumas confusões a este propósito. E criou-se ainda um vício que procura fazer da Sociologia (que deve apenas dizer como na realidade as coisas estão, que deve apenas descrever o que vê) uma ciência normativa, uma ciência que nos diria o que deve ser.

O sociologismo, "doença" que já contaminou alguns juristas, é, assim, além da perspectiva de tudo resolver ao "social" e as explicações "sociais" ou "sociológicas" (que, às vezes, são só ideologia política), o erro gravíssimo de procurar dizer que o que é, o que existe, o que se faz, por esse mesmo facto está correcto, e, assim, *deve ser.*

Ora do *ser* não se pode extrair sem mais o *dever-ser.* A este vício de pensamento se chama "falácia naturalística" (*naturalistic fallacy*). Se a Sociologia do Direito chegar à conclusão, através de inquéritos, testes, estatísticas, etc. (métodos sociométricos), que há um número elevadíssimo de pessoas que furtam nos supermercados ou de automobilistas que ultrapassam os limites de velocidade, não se deve concluir, sem mais, que o Direito deva permitir qualquer desses comportamentos. Devem ser ponderados, mas não considerados um "veredicto dos factos". A noção de "força normativa dos factos" também não pode ser interpretada dessa forma seguidista face ao que ocorre.

Ao Direito e à Política Legislativa é que compete decidir, com base nos dados que, rigorosamente e sem pretender provar tese alguma *a priori,* a Sociologia Jurídica deve fornecer. Pode ser que seja preciso rever os limites de velocidade. Mas aí entra outro tipo de dados sociológicos, como a estatística dos acidentes de viação por excesso de velocidade. E dado que a propriedade é um princípio essencial (embora não "o" mais alto, e muito menos um "valor"), será difícil que alguma vez o Direito aceite que furtar possa ser permitido. Pelo contrário, a conclusão a tirar do grande número de furtos em supermercados será a de que, por exemplo, é preciso uma legislação mais adequada, ou uma vigilância mais apertada, capazes de dissuadir o potencial gatuno. No limite, provavelmente se concluirá que foi falta de justiça social, de um lado, e sedução consumista, de outro. Repare-se que ainda nem sequer está principalmente em causa o interesse económico. Estudos sociológicos no terreno parecem revelar que o pequeno ladrão também acaba por comprar alguns produtos, e que, tudo pesado, as grandes superfícies ainda ficam, globalmente, a lucrar. Uma perspectiva meramente económica até podia, portanto, fechar os olhos a esta pequena criminalidade, em que a coisa furtada até funciona como uma espécie de brinde. O problema é de índole pedagógica. "Cesteiro que faz um cesto faz um cento", diz um provérbio popular. Hoje, furta-se uma ninharia, amanhã pode assaltar-se um banco. O respeito pela propriedade alheia começa até antes pelo respeito pela própria propriedade e pela propriedade comum. Aquele que danifica as suas próprias coisas, que, por exemplo, estraga os seus livros escolares, facilmente não devolverá um CD que um colega lhe emprestou, vandalizará a sua mesa na sala de aula, furtará um chocolate no supermercado, e, tendo perdido essa essencial noção do *teu* e do *meu,* poderá acabar cometendo crimes graves. Como se sabe, muitas vezes o homicídio é apenas fruto de um furto ou roubo que correu mal, uma forma de calar queixosos ou testemunhas... Se a Sociologia do Direito tem dificuldades e obriga a cuidados, também está cheia de questões fascinantes a investigar sem preconceitos.

Não há dúvida que o Direito Natural (apesar da sua crise) é aceite por muitos juristas (e esse facto sociológico é importante – como lembrou Truyol y Serra), e, mais relevante ainda, que toda a gente mais ou menos tem uma ideia do que é justo e do que é injusto. Dos primeiros trabalhos a fazer seria uma cobertura das diversas ordens jurídicas, pesquisando as ideias vigentes de justiça. E revelar-se-ia muito interessante compará-las com a lei, e com as decisões dos tribunais. E compará-las de ordem jurídica para ordem jurídica, e através dos tempos. Outra comparação a fazer seria sobre as ideias de acções justas e injustas, perguntando-se ao inquirido no abstracto e depois observando-o na situação concreta. Somos normalmente muito mais severos com os outros do que connosco próprios... Alain observava, com muito cáustica razão:

«*Mais les règles, bonnes ou mauvaises, ont toutes le même effet: elles endorment la conscience (...) Quand nous invoquons une règle morale, c'est presque toujours pour nous excuser*» (*Propos*, II, pp. 122-123).

Além desta sociologia do direito natural (com o auxílio da Comparação de Direitos e da História Jurídica, além do da Filosofia do Direito), que parece básica para conhecer a consciência axiológico jurídica vigente, há ainda imensas utilizações sociológico-jurídicas da maior valia.

No domínio da Criminologia – que em certa medida pode ser Sociologia Criminal (embora a transcenda) – há muitos temas fascinantes, e do maior interesse para o jurista, e o penalista em especial. Além do interessado pela Filosofia do Direito, naturalmente. Estudar o percurso do condenado, tentar perceber a reincidência, atentar nas diversas modalidades de penas e sistemas prisionais e procurar descobrir os seus efeitos nos diversos tipos de criminosos. Estudar os problemas das vítimas, por exemplo das que, pela insuficiente reacção do sistema penal, procuram depois fazer justiça pelas próprias mãos, tornando-se culpados de novo crime ou das que temem as consequências da denúncia do crime (como casos de violação).

Todos estes estudos serão utilíssimos para o legislador e para o jurista. Novas leis poderão escolher meios mais eficazes de prevenção do crime, sentenças mais ajustadas poderão vir a ser proferidas, etc.

Os juristas, sobretudo os permeabilizados à eficiência utilitarista de índole económica e os de pendor excessivamente moralista, têm também muitas culpas no divórcio entre Sociologia e Direito. Ignoram-na e desdenham.

Há, portanto, mal-entendidos recíprocos a vencer. Muitos decorrem da visão fixista do positivismo legalista, para a qual só a lei vale, como argumento contra todos os factos. Outros problemas radicam no dogmatismo racionalista, que procura deduzir mentalmente o Direito de princípios eternos, ignorando a natureza real. A sociologia pode ajudar a ver as realidades, a ver que o direito está nas coisas, nos factos, nas relações. E o legado filosófico e jurídico clássico acrescentará que a natureza não é inócua, que as relações não são indiferentes, que o justo e o injusto, como o bem e o mal, e o belo e o feio, estão nas coisas e não são puro subjectivismo e falta de ciência.

6.2. Sociologia e Sociometria

Enquanto a Sociologia é uma ciência social que tem como função analisar e interpretar os dados sociais, a Sociometria, ajudada por várias técnicas de quantificação, visa servir de base à reflexão e à imaginação sociológica, fornecendo-lhe os dados quantitativos para o seu trabalho.

Inquéritos, entrevistas, sondagens, estatísticas devem objectivamente revelar um panorama de facto, que a sociologia deve compreender, interpretar. O rigor sociométrico tende, em alguns sectores, a substituir-se às grandes intuições criadoras de uma sociologia comparativa e de síntese; enquanto outras correntes procuram nesses dados apenas a comprovação de teses ideológicas prévias. Só uma integração harmónica dos dois elementos propiciará um conhecimento verdadeiramente fecundo nesta tão importante área do saber, e tão útil para que o Direito leia o real com um olhar mais objectivo.

CAPÍTULO 7

Ordem e Desordem Sociais

7.1. A Ordem social e os Rituais. Ritos Jurídicos

A ordem social precisa de regularidades, de certezas, de linguagens comummente entendidas, de mitos, narrativas de origens e explicação das instituições (como são hoje as nossas constituições, apesar dos seus detractores) e de encenações dramáticas dos mitos: ou seja, rituais. Os rituais religiosos são cerimónias de culto sagrado, evocativas, comemorativas ou sacrificiais. São ocasiões solenes, geralmente presididas por sacerdotes, e repetem-se com uma dada frequência. Têm muitíssima importância, sobretudo enquanto manifestações públicas, colectivas e oficiais de adesão a uma crença, e testemunhos de fé. Também há rituais laicos ou profanos, ou dessacralizados, isto é, ritos não religiosos. São, no dizer de outros, manifestações de crença em religiões que não crêem em deuses sobrenaturais. Como se vê, tudo vai da definição da religião... Pois bem. A queima das fitas, por exemplo, é um ritual de praxe académica, as eleições um ritual da democracia, as festas de aniversário um ritual de amizade e família... O Direito também pode ser encarado na perspectiva dos rituais. É uma visão perigosa, porque o que mais importa no Direito é o fundo das coisas, e os rituais tendem a privilegiar a forma. Mas há, sem dúvida, um ritual nos tribunais, nos interrogatórios, nas alegações... A aprovação de uma lei também tem um ritual. É o procedimento legislativo. Assim como há um procedimento administrativo e um procedimento judicial para os actos de Administração e para as sentenças. Mas, no Direito como na religião, não é a forma que salva, é o conteúdo. Embora nenhum conteúdo sobreviva à falta de forma, de ritual, de liturgia.

Há mesmo algumas teorizações – sistémicas e autopoiéticas – que fazem do procedimento ou dos fluxos relacionais jurídicos como que o A e o Ω da juridicidade. Apesar da sua importância e contributos, parece faltar a essas teorias a essência, a teleologia, a alma. E na prática podem redundar em visões sociais e jurídicas afinal muito conservadoras.

7.2. Desordem social e Anomia

Quando os membros de uma dada sociedade não comungam de ao menos um vasto mínimo denominador comum simbólico, mítico, ritualístico, quando indivíduos e grupos coexistentes têm valores antagónicos, mundividências desencontradas, e expectativas muito contraditórias, e não se encontra forma de coordenação e de coexistência num *modus vivendi*, o cimento social periga.

Diz-se então como sendo de "anomia" o estado em que se encontra uma sociedade onde as normas sejam pouco claras, contraditórias entre si, em que não existam relações morais e laços sociais significativos e gratificantes para os indivíduos, nem limites definidos quanto à obtenção de prazer, antes uma busca egoísta, desenfreada e frustrante de felicidades sempre impossíveis porque necessariamente sempre insatisfeitas e crescentes. Enfim, uma sociedade sem ordem, com a hierarquia esboroada e até invertida, e em que geralmente reina a hipocrisia: os objectivos socialmente aceites só podem ser atingidos por vias socialmente não reconhecidas. Uma sociedade em que há, por exemplo, um vasto mercado negro de bens e serviços em abstracto moralmente indiferentes (tráfico de electrodomésticos, por exemplo; coisa diversa é, *v.g.*, o tráfico de seres humanos) revela um índice de anomia. Porque os circuitos económicos normais não satisfazem as necessidades sociais gera-se mercado paralelo. A anomia social é detectável através da alta taxa de criminalidade e de suicídios, das filas para a aquisição de bens de primeira necessidade, na acumulação de lixo nas ruas, no mau-humor dos cidadãos, a total ou quase total descença nos políticos, etc. Revela a falta de coesão social, a distensão dos laços simbólicos e dos valores comunitários.

7.3. Discriminação e Evitamento Sociais

Pode contudo haver sociedades bem organizadas (até "igualitárias"), porém injustas; embora a injustiça social, se for muito gritante, gere sempre descontentamento que, no limite, constituirá perda grave na coesão social, e, assim, as sociedades profundamente injustas, ou em que a injustiça produza profunda contestação, acabam por caminhar para a anomia. E depois pode ser que venha a revolução. Como dizia alguém, os que tornam a reforma impossível, fazem com que a revolução se apresente inevitável. E quando falamos agora em revolução é mesmo de *revolução* com revolução, não "de cravos" ou "de veludo", ou "tranquila".

Há, entretanto, indícios de injustiça social evidentes. Um deles é a discriminação. Tanto a discriminação negativa, como a discriminação dita positiva. Tanto é injusto que as pessoas com olhos azuis não tenham os mesmos direitos (iguais) às outras, como é injusto que as pessoas com cabelos ruivos tenham privilégios face às outras, com o pretexto de que foram exploradas ou segregadas no passado. Embora se tenha que reconhecer um *déficit* social para com esses grupos cujo passado foi de exclusão.

Independentemente das formas legais de exclusão, existem também formas de simples segregação social. Estas últimas acabam não raro por ser mais eficazes que as jurídicas. Uma delas é o evitamento social.

É preciso distinguir *evitamento* de *segregação* social. Quando um indivíduo que julga pertencer a uma raça, povo, sexo, nação, classe ou círculo social, cultural, ideológico ou religioso superior ou eleito se afasta com desprezo dos demais pratica evitamento social. Se objectivamente prejudica ou maltrata um membro de uma raça, povo, sexo, nação, classe, ou círculo social, cultural, ideológico ou religioso diferente do seu está a fazer segregação social em geral (especificamente, poderá tratar-se de segregação racial, chauvinismo, ou xenofobia, esta última se afecta estrangeiros, etc.). Todavia, também há evitamento social por razões de respeito. Hoje em dia vai sendo raro, mas na verdade, quando na Pérsia antiga os súbditos não podiam olhar o rei, ou em algumas tribos africanas actuais o genro não pode fitar a sogra, é por respeito que ambos se furtam a esse aparentemente tão elementar quão longínquo contacto que é o olhar. Actualmente, na maioria das legislações vigora o princípio da igualdade e da não discriminação, sendo portanto ilegal a segregação – de qualquer tipo. Mas está no direito de toda a gente, por respeito ou por desprezo, não conviver com quem não deseje, salvo nos casos de relações sociais forçosas (alunos e professores dificilmente se podem mutuamente escolher numa sociedade e num ensino de massas como o nosso; e essa mútua escolha é que seria talvez desejável e frutuosa – veja-se o bom resultado, em geral, das veras relações académicas de discipulato). Mas a prática da segregação escolar é profundamente condenável. E foi objecto de questões judiciais em vários países, sobretudo nos EUA.

7.4. Novas legislações sob pressão da correcção política

As legislações actuais, sob pressão de grupos minoritários activistas e dos *media* (Carbonnier, no *Essai sur les lois*, p. 201, afirma que há uma *lex ferenda* na mais ínfima reportagem) tendem a efectivar discriminações positivas – que, se não forem prudentíssimas, podem gerar novas formas de injustiça – ou a promover legislação (até constitucional) supérflua, que acarinhe certos grupos, que já se encontravam protegidos pela lei anteriormente. Assiste-se, assim, a um fenómeno de tentativa de tipificação legal em matérias polémicas, cada grupo procurando que uma leitura *pro domo* da lei ou da Constituição passe a ser consagrada como inequívoca norma de direito positivo. Em alguns casos é a política a mandar no Direito, é o activismo a comandar a agenda, é a má técnica jurídica a expulsar a boa. Porque um dia tudo terá que ser taxativamente dito – acabando-se com o enorme progresso que foram as cláusulas gerais e os conceitos indeterminados. É o regresso àquele velho Código Prussiano que especificava até os pertences e os animais que uma quinta podia ter, sem esquecer cercas e seus cadeados... Contudo, tem de reconhecer-se que há questões fracturantes, ditas "de civilização", que terão um dia que ser resolvidas, enfrentadas com prudência *e* coragem.

E seria bom que, nesse sentido, houvesse debates realmente esclarecedores e não meramente demagógicos, de um lado e de outro: sobretudo com argumentos racionais e não passionais.

7.5. Escolhas Sociais: económicas e políticas

O Direito arbitra, em circunstâncias determinadas, a atribuição de bens sempre escassos a pessoas. Mas essa atribuição tem pressupostos pré-jurídicos, designadamente de distribuição da propriedade: distribuição originária, mais ou menos "natural" ou violenta, e distribuições derivadas. Em todo o caso, sempre as pessoas, as famílias, as empresas, as instituições públicas, o governo, no limite, têm de fazer escolhas, porque os bens são escassos: nunca todos podem ter tudo.

A ciência económica baseia-se, para muitos autores, na realidade da raridade ou escassez de bens. Os recursos não chegam para satisfazer as necessidades (aliás crescentes – e ilimitadas) de todos. E por isso é preciso fazer escolhas económicas. À preferência de uma decisão económica face a outra é inerente um sacrifício, um *custo de oportunidade*. Cada pessoa individual, cada agente económico, toma as suas próprias decisões, sabendo que não pode ter tudo. O orçamento pessoal de cada um de nós é aplicado neste ou naquele gasto de acordo com opções impostas pela raridade, pela limitação. O mesmo sucede com as empresas.

Também os Estados têm de fazer escolhas – e gravíssimas – na orientação macroeconómica. O exemplo clássico, muito divulgado, é retirado de afirmações, cuja paternidade oscila entre várias personagens (atribuída até a Hitler, e presente no Manual célebre de

Paul Samuelson), e coloca uma opção extrema e simbólica – a produção de canhões ou de manteiga. A ciência económica estudará então as curvas possíveis de afectação relativa de recursos à produção de um e outro dos tipos de bens.

O Direito não pode legitimamente influir sobre as escolhas económicas e políticas. Escolher entre canhões ou manteiga tem condições e repercussões que a economia estuda, mas é, na verdade, sobretudo uma opção política. Se ditada pela política ela própria ou por razões economicistas, é outro problema. Em todo o caso, é um exemplo de um problema que, em si só, não é um problema jurídico.

Um outro problema de escolhas económicas e políticas reside na questão da moda política ou económica. Assim brilhantemente foi enunciada por esse grande economista que foi Keynes: "Homens práticos, que se julgam absolutamente isentos de influências intelectuais, em geral são escravos de algum economista defunto. Os malucos no poder, que ouvem vozes no ar, destilam seus desvarios de algum escriba académico de alguns anos atrás. Tenho certeza de que se tem atribuído um valor exagerado ao poder dos grupos de interesse em comparação com o da gradual ingerência das ideias (...) pois no campo da filosofia económica e política poucos se deixam influenciar por novas teorias após a idade de vinte e cinco ou trinta anos, de modo que as ideias que administradores públicos, políticos e mesmo agitadores aplicam aos acontecimentos actuais dificilmente serão os mais recentes. Porém, cedo ou tarde, são as ideias e não os grupos de interesse que representa perigo, para o bem e para o mal" (*General Theory of employent, interest and money*, Londres, 1973, pp. 383-384, apud GIANNETTI, Eduardo – *Beliefs in action – Economic Philosophy and Social Change*, Cambridge University Press, 1991, trad. port. de Laura Teixeira Motta, *Mercado das Crenças. Filosofia económica e mudança social*, São Paulo, Companhia das Letras, 2003, 222).

Ganha cada vez mais importância a necessidade de distinção entre opções políticas e jurídicas. A crítica, tão injusta tantas vezes, lançada aos Tribunais Constitucionais e órgãos e tribunais afins, de que seriam jurisdições ao serviço de interesses ideológicos, e até partidários, tem de ser também apreciada (e cremos que recusada) à luz da fulcral distribuição entre decisões jurídicas e políticas, e do estudo da influência do político no jurídico.

Normalmente, quando se critica uma jurisdição constitucional com o argumento de que seria política, deseja-se é uma vida política livre do controlo jurídico-constitucional. Ou, mais raras vezes, porém, pretende-se um tal controlo nas mãos de juristas menos constitucionalmente vocacionados à partida.

CAPÍTULO 8
O Homem, o Mundo e o Direito

8.1. O Homem no Mundo. Pessoa e Sujeito de Direito

O homem individual, o indivíduo, é um ser ainda não social. O Direito pressupõe sempre de algum modo a sociedade. *Ubi societas, ibi ius* e *Ubi ius, ibi societas*. O homem em sociedade, o homem que transcende o seu particularismo, o actor ou agente jurídico também, é uma pessoa. Sem curarmos agora de mais especificidades filosóficas, nem tomarmos partido por correntes que coloram com este ou aquele matiz o ser-se *pessoa*, a verdade é que a Pessoa é essencial para o Direito.

"Pessoa" deriva de "Persona", o nome da máscara usada pelos actores no teatro grego. O Homem, sozinho, é um indivíduo. Em situação, em interacção social, representa um papel, é um pouco actor. E uma *pessoa – persona*. A *Persona* é símbolo por excelência da dimensão personalista *hoc sensu* / prosopológica (do grego *prosopon)* em Direito.

Todos os homens são sujeitos de Direito. E apenas razões ponderosas podem limitar a personalidade jurídica, como veremos. A Pessoa ou *Persona* constitui, com a *Iustitia* (Justiça) e o *Suum* (o seu, o devido a cada um), a essencial tríade tópica caracterizadora do Direito *(Ius)* – entendido numa perspectiva ontológico-axiológica: como *ser que deve ser*.

8.2. O Mundo no Homem. Onde colocar o centro?

Neste estar o Homem com os outros, no Mundo, pode haver exageros. O Homem pode submeter-se a uma divindade que o anule: e aí temos uma posição teocêntrica. Pode diluir-se no *sendo*, no momento, na natureza, deixando de assumir-se como "rei da criação" (numa versão religiosa) ou como novo Prometeu (numa versão mítica ou neo-pagã – ou até laica, por metáfora). Mas convém distinguir alguns conceitos.

O *antropocentrismo* é a teoria segundo a qual tudo, na vida, no mundo, no pensamento, deve girar à volta do Homem e depender dele. O Homem é rei do universo. O *indivíduo-centrismo*, se assim lhe podemos chamar, já não entende o homem como Humanidade, mas enquanto particular. Pode ser uma doutrina egoísta. Ambas podem redundar, por exacerbação do particularismo ou da crença exagerada no Homem, num pensamento megalómano, descurando, por exemplo, a Natureza, ou Deus... Mas, como vimos, os seus contrários também podem levar a uma qualquer "morte do homem" ou ao seu "não nascimento". Um equilíbrio parece ser uma posição sensata. Um são antropocentrismo atento às demais dimensões é decerto o que mais convém ao Direito.

8.3. O Mundo centrado no nosso Pequeno Mundo. Cronocentrismo, Etnocentrismo, Elitismo

Na sua localização no mundo, o Homem não só se vê ao espelho e a entidades do real físico e do transcendente. Pensa também muito especialmente em si no seu grupo, na sua terra, nos seus mais imediatos semelhantes. E vezes demais acredita que ele e os que o rodeiam são melhores que os que estão longe. Quer no espaço, quer nas características físicas, que são as mais imediatas, quer na posição social, quer até no tempo, prefere o simples, o conhecido, o seguro, o próximo, o familiar.

Denomina-se *etnocentrismo* o vício mental e de atitude (preconceito) que, consciente ou inconscientemente, considera ser o outro (de outra raça, cor, língua, sexo, etc.) o bárbaro, o primitivo, etc. Por analogia, será *cronocentrismo* esse idêntico complexo de superioridade pedante e grosseiro que cada época nutre, desprezando as demais (sobretudo as passadas), ao considerar-se a mais civilizada e progressiva, ou, no mínimo, a bom caminho disso.

O *elitismo* pode ser uma perspectiva ponderada, que justamente pensa que as sociedades, todas as sociedades, precisam de grupos de excelência, de um escol, que pelo seu mérito (não por nobreza, nascimento, cooptação, nepotismo, etc.), sendo a mais apta a lugares de coordenação, chefia, representação, etc., de forma justa seja em tais funções investida. Mas elitismo também designa uma perversão terrível nas sociedades, que consiste em um grupo auto-convencido do seu valor pretender que é ungido ou escolhido, ou que possui direitos naturais a privilégios (leis privativas), vivendo acima do comum dos mortais – e nomeadamente vivendo acima da lei e do Direito. Numas sociedades, os privilegiados invocam razão de cor ou raça, noutras o estatuto de invasores ou ocupantes, noutras o sangue azul, noutras os pergaminhos revolucionários, e nas democracias morbosas de que falava o liberal Ortega y Gassett, por vezes há privilégios cujos usufrutuários tentam, mas sem razão, fundar no sufrágio...Porque a democracia, mesmo que só técnica, não pode dar privilégios, mas sobretudo distribuir cargos – que são encargos, e por isso muito mais deveres do que direitos.

Etnocentrismo, cronocentrismo e *elitismo* são vícios graves do pensamento e responsáveis por profundas distorções sociais.

Contudo, nos nossos dias há também reacções do politicamente correcto, que contra estas se insurgem, mas fazendo-o pelas piores razões, e erigindo novos monstros em divindades a adorar.

Por um lado, com o pretexto de etnocentrismo combatem todo o legítimo orgulho local, regionalista, nacional, (e, no nosso caso, português) europeu e ocidental, confundindo o que é radicação cultural e amor à sua terra com preconceito e com agressão xenófoba, racista, etc. O resultado de uma educação nesta clave é a criação de desenraizados, cosmopolitas sem vínculos e sem saudades, ou simplesmente amorfos, e de pessoas totalmente vulneráveis a aportações de outras paragens, como o totalitarismo, ou o fundamentalismo.

Por outro lado, o anti-elitismo pode redundar numa apologia demagógica de um igualitarismo contrário à própria igualdade, nivelador por baixo, fomentando o ódio a tudo o que seja de bom gosto, de alta cultura, de refinamento, de boa educação, etc.

Finalmente, na recuperação politicamente correcta inclui-se a ideia de que os tempos que normalmente veneramos como marcos da civilização são mero festejar do domínio, da exploração, do colonialismo, do imperialismo, etc. E na sua revisão geral da História, já nos propõem, por exemplo, que deixemos de marcar o início das nossas eras ou "idades" com o nascimento de Cristo, a queda de Constantinopla, ou a Descoberta da América, ou a Revolução Francesa, etc. Os nossos heróis civilizacionais e nacionais seriam substituídos por marginais, pseudo-resistentes, etc..., subvertendo completamente a ordem simbólica da nossa civilização. Privando o mundo do sentido que ele ainda vai tendo...

Mas Zedrony teria dito, em resposta a um possível ataque nuclear americano que destruísse o planeta, que tal seria irrelevante para o Universo, embora de importância para o sistema solar. Não o acompanhamos, porém. Talvez devamos datar as grandes épocas da Humanidade com eventos universais. A conquista de Granada de 1492 é menos universal que, na mesma data, a descoberta da América. Mas sejamos comedidos nas modificações. Pode pensar-se que a Revolução Francesa ou o nascimento (convencionado) de Jesus Cristo são eventos "regionais". Mas não o são. Mesmo na detecção de eventuais etnocentrismos e cronocentrismos se deve ter o cuidado de não cair em avaliações também elas etnocêntricas e/ou cronocêntricas.

CAPÍTULO 9

O Direito, o Tempo e o Espaço

9.1. **História e Geografia Jurídicas**

Para bem compreendermos o Direito, importa muito localizá-lo no tempo e no espaço. Nas ciências jurídicas humanísticas se podem colher ensinamentos preciosos para essa orientação, desde logo na Sociologia jurídica, de que já curámos, na História do Direito e na Geografia Jurídica.

A História do Direito estuda o Direito diacronicamente, isto é, como ele tem sido ao longo dos tempos. No fundo, muitas vezes (demasiadas) não estuda o Direito (justo) mas o anti-direito (ou um direito teórico e sempre meio idealizado), a normatividade tal qual foi – como é evidente. O Direito Comparado, que melhor se chamaria Comparação de Direitos ou Geografia Jurídica, estuda a Ciência Jurídica sincronicamente, isto é, em diversos países, mas numa única época.

A importância de ambas as disciplinas é enorme. Ninguém compreende o presente sem perceber o passado. A História do Direito propicia-nos o grande laboratório jurídico do tempo. Ao estudá-la, podemos ver a génese, a vivência, a degenerescência e a morte de vários sistemas jurídicos, de diferentes institutos, e procurar saber a sua razão de ser. Muito aprendemos com o estudo histórico do Direito Romano, por exemplo. E entender a evolução político-constitucional romana pode dar-nos uma imensa sabedoria quanto aos nossos problemas nas mesmas áreas. Quando uma ordem jurídica parece linear, unilateral e única, quando precisamos respirar ar fresco e tomar o gosto de outras experiências, não há como viajar no tempo ou no espaço. "Nem sempre foi assim, e contudo o mundo não acabou." "Nem em todo o lado a lei é assim, e todavia vive-se." Transcender os limites do *aqui e agora* (*hic et nunc*) do nosso sistema jurídico é a grande vantagem da História do Direito e do Direito Comparado: explicam o Direito que temos, e alargam horizontes.

Pascal foi muito certeiro, mas irónico, quando escreveu:

"(...) *on ne voit rien de juste ou d'injuste qui ne change de qualité en changeant de climat. Trois degrés d'élévation du pôle renversent toute la jurisprudence; un méridien décide de la vérité (...) Plaisant justice qu'un rivière borne! Vérité au deçà des Pyrennées, erreur au dela.*" (*Pensées*, V, *294, ed. Brunschvicg)

É necessário ponderar bem o que é universal e o que é circunstancial – e fazê-lo sem preconceitos. Tarefa dificílima! É preciso ir comparando... Todos os dias sucede que, para fazer ou alterar legislação, se vai consultar a de outros países, em busca de exemplo e inspiração. Em Portugal, há uma muito salutar propensão comparatista. Ao contrário do que sucede na maior parte dos países, os investigadores portugueses nas áreas jurídicas conhecem aquela meia dúzia de línguas cultas sem as quais, num mundo interdependente como o nosso, se é praticamente analfabeto. Lêem, portanto, no original (e não em más traduções, feitas tantas vezes por não juristas, que não entendem os termos técnicos) a legislação e a doutrina estrangeira e comparam-na com a nossa.

Há, porém, um erro no nosso país. Fascinamo-nos demasiado com o exemplo lá de fora. Somos excessivamente "bons alunos" de modelos alheios e esquecemo-nos da nossas idiossincrasia. E muitas vezes copiamos em vez de recriarmos, de adaptarmos às realidades nacionais, quando temos uma tradição jurídica rica, que poderíamos aproveitar melhor. É a prevalência da comparação de direitos sobre a história do direito, da imitação do alheio sobre a tradição nacional. Da teoria sobre a realidade.

Hoje há fundamentalmente uma grande divisão nos direitos do Mundo: os ocidentais, baseados no *Isolierung*, na autonomia da *coisa jurídica*, e os religiosos, de que o muçulmano é presentemente o grande exemplo. Havia ainda um *tertium genus*: o Direito Soviético, que uns aproximariam mais do direito ocidental (uma espécie de "heresia" sua) e outros não hesitariam em considerar "religioso", mas de uma *outra* religião, o marxismo-leninismo. Tende a ser mais uma recordação histórica. Como se sabe, da vasta família resta pouco mais que a China (com várias aproximações ao ocidente), e Cuba (já sem Fidel Castro no comando). E não será no Direito que fazem a sua *differentia specifica*.

O Direito da família de direitos ocidental, hoje muito exportado por todo o mundo, tem como pressuposto fundamental o Homem, a sua autonomia, liberdade e dignidade. Deve confessar-se, porém, que este Direito adquiriu, em geral, uma conotação capitalista, mais ou menos moderada, conforme tempos e lugares. Daí o papel relevantíssimo desempenhado pela autonomia privada, a capacidade para livremente desenvolver a sua personalidade actuando como pessoa jurídica responsável. Baseia-se este tipo de direito, afinal, nos pressupostos básicos da civilização ocidental, com a sua tradição grega, romana, e a inspiração judaico-cristã, a que se acrescentou o legado Renascentista e Iluminista, com aportações liberais e sociais – que se verificou a breve trecho não serem incompatíveis. É, pois, uma civilização complexa, dialéctica, e muito rica, tal como o seu Direito. Este, todavia, encontra-se em princípio laicizado religiosa e ideologicamente, não visando objectivos políticos nem a salvação das almas, antes se assumindo na sua especificidade. A família jurídica ocidental divide-se em dois ramos, o romano-germânico ou romanístico, e o anglo-saxónico ou da *common law*. Ambos partilham os mesmos princípios civilizacionais, mas separa-os uma metodologia jurídica diversa. Reforçando a opção pela existência de uma grande família ocidental, encontram-se ainda exemplos clássicos de ordens jurídicas algo mistas ou híbridas, com aspectos continentais e da *Common Law:* casos "clássicos" eram os da Escócia, África do Sul, Luisiana, Quebeque, Israel, Filipinas...

A grande fonte (em sentido histórico) inspiradora do subsistema romanístico ou romano-germânico da família dos direitos ocidentais é o Direito Romano. A ele se acrescentou uma ulterior influência germânica, mas menos acentuada (até na Alemanha), havendo casos de hibridismo criador (como no sistema sucessório, aproveitando-se o testamento romano e a sucessão não voluntária germânica). Como dissemos, porém, não se pense que um direito criado para o contexto social de Roma possa servir para hoje sem muita revisão. Desde logo, agora já não há escravatura. E se o *bonus paterfamilias* se assemelha ao burguês, a verdade é que é a civilização burguesa que está hoje na mais séria crise.

A lei (hoje oscilando entre a codificação ainda fulcral e alguma descodificação) detém o primado de entre as fontes de Direito, embora o costume também apareça (apesar de teoricamente se lhe negar a importância que tem). A jurisprudência é fonte mediata de Direito, apesar de alguns desvios (no sentido imediatista) em Portugal (como, entre nós, até há não muitos anos, com o valor dos assentos – instituto que foi considerado inconstitucional). A doutrina, fonte mediata, alcançou uma técnica apuradíssima, mercê de uma natural propensão continental a um conceptualismo vigoroso e da fixação normativa (apta a ulteriores teorizações, com uma base) constituída pela lei como primeira fonte de direito.

Apesar de o Direito Romano ter vigorado efemeramente na Grã-Bretanha, depressa foi banido pelos povos não romanizados. Anglos e Saxões tinham direitos diferentes. Numa tentativa de entendimento mútuo, criou-se, com base nesses direitos costumeiros, e por via jurisdicional, uma lei comum, a *Common Law*.

Não podemos porém esquecer-nos de que o Direito Romano na sua dimensão prudencial, judicialista e dialéctica se encontra quiçá mais vivo nas Ilhas Britânicas que no continente europeu. Mas não se sabe o que será da evolução jurídica da Europa se a União Europeia continuar a aproximar o direito insular e o continental, com uma jurisprudência criativa e activista. Acresce ainda que, apesar dos reveses referendários, certamente se acabará por chegar a uma Constituição Europeia (decerto e infelizmente sem esse nome), que, por si ou por outra forma a si subordinada (códigos europeus?) virá a colocar ordem na selva normativa da união, esclarecendo as dúvidas dos burocratas de forma clara, ainda que redundante.

Estamos, no modelo anglo-saxónico, perante um sistema fundado na jurisprudência, em que Direito é sobretudo o *dito*, declarado pelos Tribunais. Daí que, para haver certeza jurídica, se opte pela vinculatividade do precedente. Um precedente fixado pelos tribunais superiores é imperativo para os inferiores: tal *precedent rule* tem, ela também, origem consuetudinária, deriva ela também do costume. Todavia, a eventual rigidez do sistema é suavizada pela subtileza das distinções judicativo-doutrinais. Os anglo-saxónicos, ao contrário dos continentais, são pragmáticos e pouco dados à especulação pura: daí que a sua jurisprudência e doutrina sejam sobretudo viradas para o concreto, e não para a construção abstracta e dogmática. Há institutos diversos, ramos de direito diferentes e, em geral, instrumentos e técnicas conceituais distintos dos romanísticos. A lei tem uma função ancilar, e o estudo do Direito é, a partir de um nível não muito elevado, feito à base de jurisprudência, estudo de casos, *case method,* e não pelo recurso a teorias gerais, códigos e tratados. As fontes em sentido instrumental são, mesmo para ramos aparentemente "pobres", pouco menos que infindas. Talvez por isso mesmo os juristas anglo-americanos tenham sido pioneiros na especialização e no trabalho de equipa.

Aos Direitos Ocidentais, com *Isolierung* q.b., se contrapõe na sistematização que seguimos o Direito Muçulmano. Em rigor, não há um autónomo direito muçulmano (como aliás afirma um especialista como George Bousquet), nem uma família jurídica muçulmana, mas uma normatividade sincrética, comandada por princípios religiosos que dirigem também o direito. O Alcorão, o livro sagrado, contém um bom número de regras jurídicas, e de acordo com ele, em última instância, se deve fazer a interpretação jurídica nos Estados islâmicos relativamente aos respectivos crentes (porque a aplicação deste direito é fundamentalmente de âmbito pessoal-confessional). Por vezes, há flagrante incompatibilidade entre as prescrições corânicas e as exigências jurídicas do mundo moderno. À sociedade das grandes metrópoles islâmicas, ocidentalizada no plano sociológico, se vai adaptando o pensamento jurídico muçulmano, revelando uma inventiva e criatividade invulgares. Não raro fazendo apelo a ficções jurídicas. O divórcio e o juro, de muito difícil aceitação à luz do livro sagrado, encontraram acolhimento em alguns países árabes graças, por exemplo, à técnica do repúdio duplo e simultâneo dos cônjuges e à ficção que equipara o juro à renda (fruto legal) da terra. São apenas ilustrações mais impressivas para um ocidental da inventiva e plasticidade de uma forma de regular conflitos e *dar o seu a seu dono*.

9.2. A Mudança do Mundo vista a partir de nós. Pós-modernidade e Direito Contemporâneo

A nossa tendência para catalogar em grandes épocas a história passada, seja por períodos inteiros, seja por correntes, escolas, movimentos ou estilos, é um procedimento relativamente recente, bastante ousado, muito sujeito a erro e facciosismo (e a cronocentrismo), embora se reconheça que pode ser didacticamente útil e cognitivamente cómodo. Falamos hoje com grande sem-cerimónia de civilizações pré-clássicas – e é evidente que, como a Suméria, a Babilónia, o Egipto faraónico ou Israel veterotestamentária, não pressentindo, por adivinhação, que se lhes seguiria no calcorrear do tempo a grandeza apolínea (viu-se depois que não só: também dionisíaca) da Grécia e da Roma clássicas, obviamente não se poderiam ter como tais. Pensar-se ou ver-se ao espelho enquanto Barroco nunca ocorreu à época assim baptizada, muito mais tarde, pelo século XIX. E é óbvio que os quase mil anos do período enorme e tão vário a que damos o nome (sempre algo carregado de preconceitos, iluministas ou românticos) de Idade Média jamais se compreenderam a si próprios de maneira unitária.

Isto de pôr rótulos é coisa recente, e voluntarista. Ou então, como sucederia com o Romantismo, produto do anónimo evoluir do uso e do amadurecer dos tempos (no caso, certamente a partir da palavra francesa *romanesque*). Os movimentos artísticos por vezes dão-se nomes – mas é curioso notar que o fazem fundamentalmente quando se apresentam de forma provocatória e polémica (lembremos o movimento *antropofágico* brasileiro). O que significa que a arte se assume com designação especialmente quando se faz empenhada, como que ideologizada ou funcionando como se fosse uma ideologia (lembrando Tocqueville, no *L'Ancien regime et la révolution*, dir-se-ia também que procedendo com o proselitismo revolucionário próprio das guerras religiosas).

Os nomes das escolas e dos movimentos por vezes não querem dizer muito. O nome da corrente dadaísta teria sido arbitrariamente colhido, abrindo à sorte um dicionário: aí está o máximo exemplo do aleatório da designação.

Não estando nós já no auge da sua fama, fala-se hoje em dia ainda muito de pós/post-modernidade. Em alguns sectores, a expressão (e algo da problemática que arrasta) foi realmente uma moda, noutros é-o ainda. Se falar em tal coisa para a literatura ou as artes plásticas faz o mesmo sentido que teve, contemporaneamente a tais movimentos, designá-los como cubismo ou impressionismo *(mutatis mutandis)*, já extrapolar daí e, cavalgando como bom surfista na 3.ª Vaga de Toffler, considerar que se entrou ou está a entrar numa nova era mundial ou civilizacional, destinada a suceder à "contemporânea", isso já é mais problemático.

Trata-se de, a quente, em cima do acontecimento, ser capaz de detectar a mudança qualitativa de sinais e sentidos do nosso mundo, face ao mundo dos nossos pais e avós. Muito tem mudado – é evidente; e mudado de forma acelerada – concede-se facilmente. Mas a informatização, a queda do muro de Berlim, os desportos radicais e os triângulos cor de rosa dos nossos edifícios vão realmente fazer-nos mudar de mundo? Clara que não é só isso. Não poderia ser apenas isso.

Grandes esperanças se ligam à ideia de post-modernidade: efectivamente, a modernidade (época ulterior à medieval) empobreceu o homem, embotou-lhe a sua espiritualidade, por exemplo (e isso não foi pouco). O racionalismo renascentista e sobretudo o iluminista e o positivista, que se sucederam, todos alimentados pela filosofia nominalista, criaram um mundo em boa medida maquiavélico e utópico e em que os olhos estiveram vendados a realidades não puramente quantificáveis. Será que esse mundo teoricamente adorador da ordem e da razão, da deusa ordem e da deusa razão, vai terminar em breve, ou já terminou? Mas, por outro lado, essas épocas pós-medievais, que as medievais também tinham já preparado, tiveram também um enorme saldo positivo. Criaram-se obras de arte, de literatura e de ciência inimagináveis até aí, o espírito abriu-se, a crítica aguçou-se, a compreensão do mundo alargou-se, a liberdade foi fazendo um caminho mais seguro e mais acelerado, etc., etc. Por outro lado, só em parte a Modernidade foi realmente *moderna* e só em certa medida o dito racionalismo foi mesmo racional. Em grande medida, as promessas das Luzes, por exemplo, ficaram por cumprir. Desde logo, a própria tríade da Revolução Francesa não se realizou, sobretudo à míngua de Fraternidade.

O que nós vemos, imersos no nosso tempo, não são senão factos desgarrados que, todos somados e potenciados pela sua interacção, poderão ou não configurar uma paisagem outra. Muito do que está aí é apenas disfunção, deseconomia, estrangulamento, crise, anomia talvez – e por isso se fala também (e alternativamente, por vezes) em tardo-modernidades: espécie de canto do cisne da modernidade, em que esta evidenciaria os seus mais relevantes maus momentos. No fundo, os optimistas falam em pós-modernidade (e pintam-na da sua cor preferida) e os mais pessimistas em tardo-modernidade.

O grande problema consiste na identificação do que seja essa sociedade que muitos não dizem só ser nova e actual ou para muito brevemente – mas a ideal, o fim da História. Trata-se, evidentemente, de uma nova versão do mito da cidade perfeita, a utopia. Mas com o mesmo nome querem-se coisas diferentes: para uns, é o mundo da ganância, da tecnocracia, dos *yuppies*; para outros, o universo da informalidade, da ausência ou pluralidade de normas, do esbatimento da coacção, enfim, o sonho dos *hippies*.

Ora uma e outros representam coisas muito vistas, não só na modernidade como certamente antes.

Por isso, ou este tempo e os seus sinais conseguem ser uma idade ética, estética, subtil, capaz de ultrapassar as limitações da sociedade de massas e o poder da tecnocracia, o império do hedonismo e da ganância, com abertura às espiritualidades ou aos transcendentes e um reencontro de legitimações não formalistas, ou não será senão um prolongamento dos mitos do Bom selvagem ou do Herói do trabalho.

A post-modernidade, ao nível político e jurídico, depois de uma fase de indecisão e captação de públicos muito vastos e heterogéneos, apresenta-se objectivamente ligada às perspectivas que sobretudo transportam legados sociológicos, e até sociologistas, marxistas e afins. E desaguou também, por outro lado, em grande medida no politicamente correcto ou pensamento único.

Contém uma boa componente ecologista, feminista, crítica, desconstrucionista, pacifista. Ora, tal facto obviamente desequilibra a corrente num sentido ideológico que nenhuma alegada superação das ideologias conseguirá sofismar. Aliás, esse era outro argumento, ele também ideológico, que parece já estar em recuo – e ainda bem. Porque sempre fora falsa essa morte (anunciada e declarada) das ideologias.

O Direito pensado tem a ganhar com esta corrente (tal como se apresenta nas suas afinidades e legados) sobretudo a dimensão crítica e antipositivista legalista. Várias novas ciências, disciplinas ou teorias sofrem o influxo destas ideias, tais como a sociologia do direito, certa semiótica jurídica, a análise económica do direito, etc. Mas é de recear o clima desestruturador que parecem inculcar, sobretudo para os mais devotos do Estado. Há mesmo quem pense, perante a ameaça do esboroamento de instituições, poderes, metodologias, procedimentos, enfim, pilares da sociedade e da comunidade política, que mais valem o Estado e o Direito da velha modernidade, e até o mais cego e inflexível positivismo jurídico, porque, assim, se saberia em que lei se vive. É evidente que, tal como em todos os juízos deste tipo, o fulcral das opções em causa decorre, para a maioria, dos seus interesses, da sua idiossincrasia psicológica, da sua formação, e da sua forma de estar no mundo de todas resultante.

Pode ser que o futuro recupere a expressão post-modernidade ou nos venha a baptizar esta nossa época e o seu imediato futuro com outro epíteto. Mas de nada nos vale apelar para o veredicto da História. Não viveremos o suficiente para lhe sofrer as penas, ou colher as comemorações.

Para já, a pós-modernidade institucional é sobretudo a vertente cultural de um certo tipo de nova esquerda que está para suceder à velha esquerda: mais informal, menos fundamentalista economicamente, sem perder os princípios, mas mais empenhada no combate de demantelamento da moral burguesa, sem deixar de ser, estruturalmente, não raro, muito burguesa ainda. Não se conhece qualquer evolução semelhante vinda do campo da velha direita, que continua a utilizar as suas categorias ultrapassadas. Apenas fenómenos não pós-modernos extra-sistemáticos (nem de esquerda nem de direita) parece poderem vir a opor-se ao peso avassalador do pensamento único pós-moderno. Não há um direito verdadeiramente, propriamente, exclusivamente pós-moderno, como é óbvio. Como não há um direito neo-liberal (anarco-capitalista, hiper-desregulador). Isso seria quase uma contradição nos próprios termos. Mas há investidas da pós-modernidade de esquerda e do neo-liberalismo de direita contra o Direito. Pressentimos, porém, que a evolução jurídica se fará no terreno semeado pela pós-modernidade: no caminho para um direito humanista e fraterno. Como explicicitámos no nosso livro *Filosofia Jurídica Prática*.

9.3. Crise dos Cânones Culturais Ocidentais

A ideia da autonomia da existência de cânones culturais, sobretudo literários, artísticos, filosóficos, parecia não ocorrer na velha Europa e na América Latina, onde uma tradição ininterrupta (como provou E. R. Curtius em *La Littérature Européenne et le Moyen-Âge Latin*, trad. fr., Paris, P.U.F., 1956, 2 vols.) sempre venerara os clássicos. Não ocorre nunca pensar no que é óbvio: que há grandes obras que devem constituir o cerne da educação e da cultura. O mesmo parece verificar-se na Ásia, onde os grandes textos multisseculares são alvo de veneração religiosa ou quase religiosa, apesar do vendaval revolucionário que, contudo, não passaria de uma erupção cutânea no grande pulsar ancestral da profundidade do Oriente. É na América da Norte, terra de migração em que os novos habitantes do novo mundo entre si e com os autóctones estabelecem desde cedo relações de hierarquia e segregação muito rígidas (quando não de extermínio), e em que a ausência de um cimento nacional forte provoca angústias identitárias, que o problema dos cânones se vai colocar.

Outros factores concorrem para este fenómeno. Um deles é a imunização aparente dos Estados Unidos ao marxismo, sobretudo ao marxismo comunista (marxista leninista, mais ou menos estalinista ou trotskista), que teve na ambígua e triste saga do Mcarthismo um cume de loucura. Mesmo depois dessa fase, "não podendo ser comunistas" (ou podendo sê-lo apenas de forma muito residual e marginal), parece que os americanos mais inclinados para a contestação social inventaram fórmulas tortuosas, sinuosas, de esquerdismo, mesclados com a cultura própria da "terra das oportunidades", onde, segundo já Tocqueville, inexistia a filosofia. Assim, à densidade ideológica da política europeia (feita de fragmentação) ali se foi contrapondo não só o pragmatismo ao nível dos partidos (com concentração em duas grandes frentes muito heteróclitas – Democratas e Republicanos), tradicionalmente num plano político relativamente moderado, como o extremismo vivencial das diversas gerações perdidas, desde os *hippies* aos *iúpis*. Especificamente ao nível do esquerdismo (*doença infantil do comunismo*, segundo o insuspeito Lenine), ele alargou-se de forma inusitadamente expansiva a novos terrenos. Os Estados Unidos não só adoptaram a designação "liberal" para as ideias contrapostas ao conservadorismo (num largo espectro que, para além de verdadeiros liberais, inclui mesmo a social-democracia e um certo esquerdismo politicamente correcto), gerando simpatias e boas-vontades por captação semântica, como principalmente, decerto sob o impacto de uma história de discriminação (e uma guerra civil que assentou, ao menos miticamente, sobre o problema do esclavagismo) e de uma cosmovisão de individualismo possessivo (com raízes protestantes: "eu e a minha Bíblia", além das origens do capitalismo weberianas) propenso à desagregação dos laços sociais (desde logo no imaginário), deslocou o debate do terreno económico e institucional para o terreno social. E, dentro deste, dirigiu-se para questões de género (promovendo os feminismos extremistas, cujas complexas angústias e contradições foram já surpreendentemente enunciadas por Danielle Crittenden, em *What our Mothers didn't tell us;* cf., ainda a visão superadora de Janne Matlary, *Il Tempo della Fioritura. Per un nuovo feminismo*), de "orientação sexual" (apoiando revoluções morais e institucionais no apoio a formas de convivência antes consideradas "contrárias aos bons costumes"), de raça e de cultura (fazendo re-emergir conflitos que a clássica luta pela igualdade de direitos não faria decerto suspeitar), etc., etc.

Estas problemáticas vieram a reproduzir-se exponencialmente com a tomada do poder universitário em muitas instituições pelos antigos *hippies* e outros contestatários, como explica Allan Bloom no seu *Giants and Dwarfs*. Mas a decadência educativa nos EUA já começara antes, desde os anos trinta do século XX, como observa Mortimer Adler, quando se começou a professar nas universidades um amoralismo perigoso e um cepticismo desolador. Já em 1940 escrevia este lúcido autor contra a bancarrota educativa, de um sistema que estava a formar gerações de estudantes *eticamente analfabetos* e *idiotas morais*, impreparados para lidar com os problemas da vida corrente (http://www.thegreatideas.org/piebmmi/pieb0703.pdf).

Seria ridículo, mas sobretudo muito triste e acabrunhador, viver numa sociedade em que, como na "Comunitária" da saborosíssima ficção *O Curioso Iluminismo do Professor Caritat*, de Steven Lukes, a pertença primária a grupos sobrepujasse e anulasse a unidade natural e essencial da Humanidade. E em que fosse, como aí, tida como crime uma sátira a um grupo social por parte de um cantor, ou em que as casas de banho, mais que quatro (como efectivamente ocorreu, em certos edifícios dos EUA, antes do fim do "apartheid": brancos, brancas, negros, negras), passassem a um sem número, consoante as mais bizarras combinações de desinências identitárias.

É esse o problema essencial dos que atacam os Cânones. Assinalam-lhes parcialidade, identificando-os com interesses, perspectivas e valores da casta dominante (ou miticamente dominante, porque decerto as coisas estarão a mudar, em ao menos alguns círculos) na América do Norte: criticam-se os grandes autores e as suas obras imortais, por serem produto de pessoas do sexo masculino, brancos, europeus ou de origem europeia, heterossexuais e burgueses ou aristocratas, e já mortos. Mas ter apenas um destes requisitos já parece ser motivo para desconfiança, e a presença simultânea de dois será quase sempre razão para o anátema do novo dogma, da nova ortodoxia.

O problema é que as obras clássicas, ou canónicas, os grandes livros ou os grandes quadros da Humanidade podem ser produto de todas as gentes de qualquer língua, sexo, cor, cultura, posição social, orientação sexual, etc., etc. Tem apenas ocorrido é que, por um lado, a produção artística e cultural em geral não é igualitária nunca, desde logo na distribuição do ócio, *conditio sine qua non* para a criação, e, por outro, muito menos o é ainda no complexo e por vezes fortuito processo de transmissão e recepção das obras. Pelo que a fama e a fortuna culturais sempre bafejam as classes dominantes, ou, no mínimo, quem encontre uma forma de estar na ribalta. O que não quer dizer que não haja génios de extracção humilde e provindos de minorias sociais de vário tipo que não alcancem renome, se forem muito bons, e – valha a verdade – se tiverem sorte, "patrocinadores" bem colocados, e deixarem passar o tempo. Muitas são as glórias póstumas. Acresce nos nossos dias a distorção perversora que métodos de *marketing* sem ética introduzem, compelindo o público a consumir também objectos ditos culturais sem qualquer valor ou qualidade.

A chamada de atenção para os excluídos dos circuitos culturais é correctíssima. Todavia, ela peca por um particularismo exótico quando faz residir a discriminação nas desinências que, depois, procura elevar a razões de mérito. Tal como sucede nas teorias académicas que defendem a existência de quotas de entrada nas universidades para desportistas, membros de associações de estudantes, membros de minorias étnicas, etc., e nas teorias políticas que querem ver nos parlamentos, e até nos primeiros lugares das listas a eles candidatas (e depois em todo o edifício estadual) quotas para mulheres, toma-se neste caso uma categoria arbitrariamente, elege-se um corte na sociedade, e discriminando-se positivamente uns – os ex-alegadamente segregados, tornados eleitos –, discriminam-se negativamente todos os restantes. Porque não deverá haver, então, representação religiosa nos parlamentos? Ou laboral? Ou dos deficientes? Ou dos gordos? Ou, já agora, representação por estados civis, ou pelas preferências sexuais? Qualquer característica parece ser "elegível" como diria o jargão da burocracia actual. Aguardam-se estudos rigorosos sobre as consequências reais de normas como leis de paridade e afins. Oxalá resultem.

O que não se compreende com as quotas é o mesmo que se não entende com a recusa dos cânones: é a natureza Humana, a unidade do Homem. Ou seja, há nessas teorias uma cegueira para a capacidade natural de qualquer político de boa vontade transcender a sua circunstância social e ambiental e a sua limitação idiossincrática pessoal, podendo ser um representante de todos, e não da sua minoria (e pertencemos todos a várias minorias e maiorias...), capaz, portanto, de fazer leis ou de governar, julgar ou administrar de acordo com o Bem Comum e não segundo os seus interesses e preconceitos de classe, raça, sexo, etc. E, do mesmo modo, também não compreendem os militantes anti-cânones que um Homem de talento ou de génio é igualmente capaz de espelhar na sua obra de arte ou de cultura os dramas humanos gerais, dos demais homens de todas as cores, raças, línguas, credos, sexos, etc., etc.

Esta desconfiança leva a um total atomismo, a uma desagregação social, a uma verdadeira guerra social de todos contra todos.

Felizmente, a sociedade americana resiste e contra-ataca, e sempre nela houve quem fosse fiel aos clássicos, ao que é perene e universal.

O contra-ataque pode traduzir-se no *slogan*, não minimalista mas verdadeiramente de apelo ao essencial, de grito de alerta contra um caminho de degradação: *back to the basics* – de volta ao essencial, voltemos ao essencial na escola. Ensinemos o que é fundamental.

Avultam contemporaneamente neste debate alguns nomes, alguns dos quais já citámos. Desde logo, Mortimer Adler, filósofo e pedagogo, autor incansável de muitas dezenas de livros e programas mediáticos, que com os seus pares (entre os quais Max Weismann) pôs de pé ou inspirou uma rede poderosa de instituições para levar a todos, crianças e adultos, sempre, os Grandes Livros da Humanidade. A sua perspectiva é sobretudo afirmativa, e militante: trata-se de ganhar mais e mais gente para a Cultura, uma vez que a educação formal o mais que sempre pôde fazer foi dar apetência para uma vida futura de estudo. Há, assim, uma dimensão democrática nesta mensagem.

Outro grande nome desta resistência é o universitário Allan Bloom, o autor de *Gigantes e Anões* e *The closing of the America Mind*, que tem empreendido uma denúncia da deseducação obrigatória contemporânea. Mas a sua perspectiva parece mais aristocrática, e menos optimista. Outro grande nome é o também universitário e teorizador da literatura Harold Bloom, que se celebrizou com o seu *The Western Canon*. Numa visita a Portugal, traçava o seguinte diagnóstico e prognóstico, bastante pessimista por sinal:

"Penso que os estudos literários não têm quase futuro no mundo de língua inglesa. Foram substituídos pelo que chamo estudos culturais, que nada têm a ver com o valor literário enquanto tal. Perseguem apenas propósitos de ressentimento, ressentimento contra a própria literatura, e por motivos puramente pessoais. Não consigo encontrar nisso qualquer valor humano ou humanista. Dizer que acho isso inaceitável como crítico literário é uma atenuação: deveria antes dizer que o acho inaceitável enquanto ser humano" (Entrevista a Frank F. Sousa, "Expresso", 19 Maio 2001).

A luta contra os cânones parece ser, assim, solidária da luta contra a coesão social, contra a ideia de beleza e valor em arte e em cultura, radicando no absurdíssimo preconceito de que tudo se equivale (ou então que o feito pelos seleccionados grupos de explorados, segregados, etc. é que é bom), que é uma fractura social e espiritual muito mais grave que a própria luta de classes marxista--leninista. Próxima da luta contra os cânones, e dela se fazendo eco, ao menos em parte, está a devastadora deseducação obrigatória, que abastarda o ensino, frustra as expectativas de todos, dá diplomas sem ter dado saber e sem ter educado, e pretende subverter o mundo policiando os professores, fazendo-os avaliar por todos: super-catedráticos ao serviço dos poderes, estudantes sob o preconceito do ressentimento, pais obcecados com o êxito dos filhos, autoridades locais e parceiros empresariais profundamente ignorantes e indiferentes à cultura, que visam mais votos ou mais lucros.

Mas, mais que tudo, a vaga do *anti-canonismo* é um sintoma do estertor do Homem numa sociedade sem sentido, e que como tal se pretende, que martela culturalmente nos jovens esse mesmo sem-sentido, ou, o que é semelhante, a "produção social do sentido". Que é em absoluto verdadeira, mas que ganha todo um sentido perverso no contexto das ideologias da suspeita e do negativismo. Ou seja, traduzindo em termos práticos – quem tem o poder dita o sentido. Conclusão, que obviamente não se poderá formular, porque subversiva: o mundo é absurdo, a vida é absurda.

Vale contudo a pena defender o Homem e a sua Natureza, os valores éticos e estéticos e a sua universalidade. Vale a pena defender os grandes livros, os clássicos, o básico, os cânones.

Evidentemente, essa tarefa tem doravante que ser feita em condições particularmente adversas, num mundo que cada dia confirma mais a profecia de Heidegger (*Introdução à Metafísica*, I) sobre o "obscurecimento do mundo":

"o exílio dos deuses, a destruição da terra, a gregarização do homem, a preponderância da mediocridade".

Evidentemente que os livros, as músicas, as obras de artes plásticas, as películas cinematográficas "que mudaram o mundo", ou que "criaram o Homem" – para invocar dois critérios já de si antagónicos – podem não coincidir exactamente segundo as perspectivas. Obviamente intrometem-se na elaboração dessas listas gostos pessoais, e, quando são feitas em grupos, não é difícil que outros critérios prejudiquem a idealidade da "biblioteca da cultura geral". Mas, em geral, há muitas, muitas mesmo, obras comuns. Essas constituem realmente os cânones. Se consultarmos um catálogo como o consubstanciado na magnífica colecção *The Great Books of the Western World* (cf. todo o projecto in http://www.thegreatideas.org/), ou as obras referidas em *The Western Canon*, de Harold Bloom, verificamos que, apesar de todos os esforços, há um pendor predominante anglo-saxónico de raiz americana. Se analisarmos o precioso volumezinho de bolso *La Bibliothèque idéale*, prefaciado pelo conhecido jornalista cultural Bernerd Pivot, dos programas televisivos *Apostrophes* e depois do *Bouillon de Culture*, notamos europeísmo e francesismo. O mesmo se diga das votações no *site*, em francês, da *bibliothaeca idealis*: http://www.biblio-idealis.com/index.php3 .

Mas nuns e noutros casos nada disso é grave, sendo até enriquecedor. O que apenas sucede é que, digamos, aos 90 ou 95% de obras universais cada concreto autor ou grupo de autores de listas acrescenta uns 5 a 10% de obras em que a universalidade se reflecte mais claramente no seu universo cultural específico. Não se tratará, portanto, de tirar essas obras "a mais", mas de cada concreto "utilizador" das listas ser capaz de lhe acrescentar os 5 a 10% seus.

Foi por ter de algum modo consciência da incompletude de todos os cânones que o volume *La bibliothèque idéale* vai deixando, por temas, espaço para que o leitor a complete com sugestões suas...

Estes factos lembram-nos algo muito importante: é que os cânones culturais são um sistema aberto, com a possibilidade de entrada de mais objectos de admiração e estudo, continuando todavia a ser um valor seguríssimo sobre o que devemos estudar basicamente ao longo do currículo escolar básico, humanístico, e de uma vida de estudo.

O Direito tem muito a ganhar com a afirmação de um pensamento canónico, com a consolidação de um ensino que comece por ensinar as coisas básicas e não fogos-fátuos de simples terapia ocupacional de gerações narcotizadas. O Direito só ganha com mais cultura, mais sensibilidade, mais espírito crítico. Sem eles, é uma mera técnica, e jamais cumprirá a sua verdadeira função – que é em grande medida libertadora, ao contrário do que se pensa, ao ver o manietador pseudo-direito que por aí anda.

Aos que invocam a tolerância ou o multiculturalismo contra o pensamento canónico poderemos, enfim, objectar com esta passagem de Allan Bloom (*Amor e Amizade*, Mem Martins, Europa-América, s.d., p. 27):

"Será que a tolerância requer necessariamente um relativismo que vai às profundezas da alma dos homens e das mulheres, despojando-os do seu direito natural de preferirem o belo e de aprenderem sobre ele?"

PARTE II

CONCEITOS E CORRENTES

> «*Les sages qui veulent parler au vulgaire leur langage au lieu du sien n'en sauraient être entendus. Or, il y a mille sortes d'idées qu'il est impossible de traduire dans la langue du peuple*»
>
> Jean-Jacques Rousseau – *Du Contrat Social*, II, 7

TÍTULO I
O SER DO DIREITO

> *"We can speak of law wherever we can speak of obligation. Indeed, we can speak of law(s) wherever we can speak of normativity, that is of general directions considered as counting, or entitled to count, in one's deliberations about what to do"*
>
> JOHN FINNIS – "Natural Law: The Classical Tradition", p. 1

CAPÍTULO 1
Noção de Direito

1.1. Da pluralidade das definições à fórmula de Ulpianus

Há milhares, se não milhões de definições de Direito. Cada teórico gosta de acrescentar a sua. Muda umas coisas aqui e outras acolá, mistura algumas definições já conhecidas, e pronto: cunhou a sua definição de Direito. Jacques Leclercq, no seu *Du droit naturel à la sociologie*, exprime este procedimento definitório em progressão geométrica com muita graça. Mas, se queremos realmente perceber alguma coisa, temos que ser mais humildes. Por isso é que resolvemos, modestamente, veicular do Direito a noção que dele deram os seus inventores, os Romanos. Para saber o que os fundadores da ciência do Direito quiseram, fomos ver ao Digesto, onde, como sabemos, se contém o que de melhor se salvou dessas primeiras ideias jurídicas. E foi muito fácil.

Logo no início, deparámos com a resposta, como é natural. *Iustita est constans et perpetua voluntas suum cuique tribuere*. Isto é, a Justiça é a constante e perpétua vontade de atribuir a cada um o que é seu. Tal a descrição da Justiça, sendo o Direito o objecto da Justiça. O Direito, como realidade complexa que é, dificilmente se poderá definir, isto é, delimitar, confinar em talas conceituais. Definir é pôr fins, traçar limites. Ora, quando se procura fazer isso teoricamente e à partida com algo de tão inter-relacionado e complexo como o Direito, está-se votado ao fracasso. E por isso é que as definições de Direito são muitas – na verdade, é porque todas estão incompletas, e de certo modo erradas.

Deve dizer-se em abono da verdade, que mesmo o nosso empreendimento "arqueológico" tem o seu calcanhar de Aquiles. Porque a fórmula do Digesto apenas serve para nos aproximarmos de uma certa concepção (ontológica) de Direito. Na verdade, há uma insanável contradição entre os defensores de várias visões do Direito: e as definições e descrições respectivas são armas nessa guerra.

Mas sigamos o fio da perspectiva que escolhemos:

1.2. Arte da Atribuição

Vamos então analisar esta velha mas sempre actual descrição da Justiça, *mãe do Direito*, como dizia uma glosa medieval, para compreendermos do que estamos a falar. Os Romanos é que inventaram o Direito – forma de na prática se buscar a Justiça –, e assim sabiam para que o queriam, e como o iam fazer. A atribuição a cada um do que é seu pressupõe antes de mais a propriedade, isto é, que nem tudo seja de todos, que haja bens (materiais ou espirituais) pertencentes a pessoas certas e determinadas. Longe de ser um paraíso, uma sociedade sem propriedade pessoal, se fosse possível, seria um inferno – imagine-se em cada momento cada qual a disputar a utilização e o desfrute (que não a titularidade) deste e daquele bem. Dada a diversa titularidade dos bens, a necessidade do direito decorre não da sua escassez, mas do imperativo de repor a ordem nessa titularidade, em caso de eventual litígio. Nesta pressuposição de que a sociedade, principalmente através dos mecanismos da Economia e das fórmulas da Política, confere coisas aos seus membros, vamos considerar o Direito como a arte de dar *o seu a seu dono*. Isso é que é o justo. Na verdade, o *seu, o justo* e *o direito* são sinónimos. E se a arte do Direito ou a virtude da justiça jurídica efectivamente dão o seu a quem é seu dono, a ciência do Direito estuda as formas de tal se fazer pelo melhor. Assim, vejamos cada um dos três elementos da nossa descrição do Direito, e verificaremos como tudo se nos torna afinal muito simples, muito claro. Atribuir a cada um *o que é seu,* a sua coisa, portanto, o seu direito, ou o *justo*.

Assim, primeiro vem o *atribuir*. Indica-nos o que devemos fazer, enquanto devedores, obrigados, ou na qualidade do juiz (que deve mandar fazer o que espontaneamente se não fez). Atribuir significa dar, entregar, respeitar, obedecer, restituir, etc. Não se trata de dever dar, mas de dar mesmo.

Claro que, por mais purificado, autónomo (e alheado das questões e lutas sociais) que o Direito se queira, nunca consegue completamente fechar os olhos e os ouvidos aos clamores daquelas injustiças mais profundas e essenciais que vêm dos que, nada tendo, nem sequer *título* em tribunal podem exibir. A reivindicação dos desprovidos chega ao Direito, de uma forma ou de outra. E uma das respostas, dentro da lógica do *suum cuique*, é dizer-se que ser Pessoa já confere direitos. Desde logo à dignidade, e ao mínimo de propriedade garantidor da subsistência e do manter a cerviz erecta. Ser Homem ou Mulher é título jurídico.

1.3. Arte do Concreto

Seguidamente, está o *a cada um*. O Direito é uma arte do concreto. Da justiça concreta e não de uma justiça abstracta, utópica.

Por exemplo: o juiz declara que determinada propriedade pertence a António e não a Bonifácio, e determina a sua restituição. É algo de personalizado. Só se consegue saber o que é de cada um se se estudar a situação concreta em que entre si se encontram os indivíduos concretos. O Direito não protege uns grupos e maltrata outros. Não lhe interessa, também, que António seja rico ou pobre, bonito ou feio, simpático ou antipático, nobre ou plebeu, bom ou mau. Ao Direito importa averiguar se a dita propriedade é dele ou não. Esse é o concreto do Direito. Para a ciência jurídica não importa (pelo menos em sede geral; não a partir da Lei das Sesmarias) que ele trate ou não bem a terra, que é uma questão económica, relacionada com a produção e acumulação de riqueza; nem se Beltrão muito precisava dela para viver, que é um problema social que a política (e a moral, através da caridade ou da solidariedade, ou da própria fraternidade...) deve resolver – e tomar a sério.

1.4. Arte do Rigor

Não se trata, insistimos sempre, de uma Justiça vaga, sem critério. Ela quer atribuir o seu a seu dono. Portanto, parte do *seu*. O *seu*, a que chamamos em sentido muito lato uma *coisa,* pode ser tudo o que interessa ao Homem e seja susceptível de comércio jurídico. Podem ser bens materiais, comportamentos, enfim... Desde um prato de feijoada, ao pintar de uma parede, ou à audição de uma sinfonia de Beethoven.

Estabelecer o que é de cada um não é fruto de sentimentalismo, subjectivismo, voluntarismo dos juristas ou dos juízes em especial. O Direito é uma arte de rigor, e nesta atribuição tem de respeitar com escrúpulo (embora com inteligência e sentido de justiça – sob pena de se cair num titularismo positivista) as regras do jogo. E tudo começa pelos títulos jurídicos, verdadeiros mapas da navegação do Direito.

Porque se o Direito atribui a cada um o que é seu, o que é de cada um determina-se por um título; esse título tem que ser interpretado pelos juristas para se saber se o direito existe, e qual a sua forma concreta. A terra era de António porque ele a tinha comprado. Donde o título era um contrato de compra e venda. Mas imagine-se que ele a tinha arrendado a Bonifácio. Nesse caso, este também tinha direito a ela, ela também era *sua,* mas a título diferente. O seu de António era o direito de propriedade, o de Bonifácio, o de arrendamento. Assim, o título, que é o que determina que uma coisa seja de uma pessoa, pode comportar muitos tipos: pode ser um contrato, uma lei, um outro facto jurídico não contratual, como por exemplo um testamento, ou até, como dissemos, a condição humana, ou, no limite, a natureza humana, donde derivam os direitos naturais. E não olvidemos que a natureza tem parte fixa e parte mutável. O Direito terá, assim, que respeitar estes títulos.

1.5. Arte da Justiça

Imaginemos que António, verdadeiro proprietário, com título irrepreensível, totalmente se tinha, por muitos anos, desinteressado da terra, e que o outro, pelo contrário, diligentemente a cultivava. Estaríamos certamente perante uma questão da função social da propriedade. E não seria preciso ser muito revolucionário para verificar que se poderia estar perante um caso de usucapião, prescrição aquisitiva que daria direitos a quem não possuía, de raiz, a plena titularidade. O usucapião não é um instituto moderno, muito menos colectivista: é apenas o reconhecimento, num caso, de que a propriedade tem que ter uma função social – e nessa medida o direito actua social, económica e politicamente.

Na maioria dos casos, porém, o direito é muito cioso de proteger os proprietários, de deixar os títulos bem protegidos. Ora esta frieza, este rigor abstracto, insensível às desgraças dos homens concretos, faz-nos por vezes arrepiar. Por isso é que o Direito não é tudo na vida, e uma sociedade apenas justa seria também um absurdo. A caricatura desta cristalização é a de Shylock, n'O *Mercador de Veneza, de Shakespeare*, personagem de quem já falámos. Além do Direito e das outras ordens sociais e normativas, precisa o Homem da política, que se deve preocupar com o Bem Comum, da economia, que visa a riqueza, e ainda de outras coisas, como a caridade, o perdão e o amor, sem as quais a sociedade se torna irrespirável. Só que continua válido, até aqui, o princípio *a cada um o que é seu*. Não se devem misturar as coisas. Quando sou assaltado sem ninguém dar por isso, posso perdoar e nada virá a suceder ao criminoso. Mas isso não é Direito.

Se António resolver desistir da sua causa contra com Bonifácio, implicitamente dando-lhe uma terra que é sua, está a ter um acto de caridade (ou a ser agente voluntário da justiça social à sua própria custa – o que é coisa raríssima), mas essa não seria – não poderia ser – a atitude de um juiz.

Decerto que nesta distribuição há injustiças sociais – é hoje claro que elas nunca deixam de estar presentes nas sociedades humanas –, mas compete à ciência e à técnica incrementar o progresso material, à economia geri-lo, potenciando a riqueza, e à política, entre outras coisas, eventualmente redistribuir o que houver, com acerto, ponderação e justiça social. Só no caso das leis injustas, das medidas arbitrárias do poder, ou de um contrato manifestamente iníquo, que firam o título mais nobre e mais importante que os homens podem ter, a natureza humana, só nesse caso se poderá o Direito recusar ao cumprimento dos ditames desses títulos positivos. Evidentemente, porque o Direito Natural ou a simples "ordem natural das coisas" é um título manifestamente superior e, como diziam os Romanos, o *que a natureza das coisas proíbe, nenhuma lei pode confirmar.*

O título jurídico "natureza humana", o facto de alguém ser Homem, dá-lhe, por esse simples facto, *direitos*. A esses direitos dão-se diversos nomes, consoante a perspectiva por que se encarem: *são naturais, fundamentais*, ou Direitos do Homem, etc. Afirma, com acerto, Mortimer Adler, no seu *Manifesto*:

"Real goods, based on natural needs, are convertible into natural rights based on those same needs".

Continuemos com exemplos. Imaginemos que António contratara com Bonifácio que, se alguma vez este lhe não viesse a pagar a renda, ficaria reduzido à condição de seu escravo. Imaginemos que a lei permitia este contrato, ou até que previa a escravatura como pena normal para o não cumprimento das obrigações. Em qualquer dos casos, os direitos naturais que a todos os homens assistem (ou simplesmente a Justiça e a própria Razão) obrigariam a que a lei ou o contrato não fossem cumpridos. Eles eram um título mais forte, prevalecendo sobre os outros.

Mas esta seria a solução nos dias de hoje, quando já a consciência axiológico-jurídica geral se apercebeu da iniquidade da escravatura. O mesmo não se poderia dizer no tempo de Aristóteles ou mesmo de Cristo. Apreender os direitos naturais é um processo histórico complexo, e lento. Se quisermos: esta aprendizagem é hoje feita pela via de um novo e excelente "operador" ou "paradigma": os direitos humanos. Ninguém duvidará que a escravatura é contrária aos Direitos Humanos, acredite ou não noutras entidades jurídicas e jusfilosóficas mais "metafísicas".

De todo o modo, e com as forças e fraquezas teóricas e práticas que tal acarreta, a titularidade, que já a seguir indicaremos como base da arte jurídica, é sobretudo um roteiro. Mas há que navegar de acordo com o roteiro e as marés. Jamais o navegador do Direito poderá, por escrúpulo teimoso ou timorato de seguir somente a rota, pôr em perigo a navegação. A Justiça está acima das vias que normalmente a ela vão dar. Pode até fazer-se Justiça por linhas tortas.

1.6. Indiciadores do Direito: Tópicas Ontológica e Sociológica

Em suma, o Direito não é um conjunto de normas ou regras (leis, em sentido muito amplo), senão em parte e por analogia. Além da determinação do direito (do que é justo, do que é de cada um) poder fazer-se pelo contrato, pelo costume, por uma sentença, etc., e não só pela lei. Definir o Direito é empobrecê-lo.

Podemos, porém, afirmar que há Direito quando estivermos ante algumas realidades que de si nos dão indícios: trata-se sobretudo da atribuição a cada um do que é seu, numa atenção primordial pela Pessoa e pela sua dignidade, e num permanente desejo de, assim, se alcançar a Justiça.

O seu (*suum*), a Pessoa (*Persona*) e a Justiça (*Iustitia*) são a Tríade de tópicos caracterizadores do verdadeiro Direito, o Direito justo.

Entretanto, a simples exterioridade do jurídico pode detectar-se pela presença de poder, força, coacção, de litígio, tribunal, polícia, lei, norma, etc. Não podemos, porém, esquecer que sem estes tópicos fenoménicos, exteriores, é difícil que os elementos substanciais, internos, sejam capazes de viver, na prática.

Há, portanto, uma tópica ontológica, do ser do Direito justo que permite detectar o Direito como dever-ser. Essa tópica pode sintetizar-se na tríade referida. E há também uma tópica mais difusa, que é sociológica, de múltiplos factores, que nos indica estarmos perante normatividades, *fumus* de Direito, mas não necessariamente Direito, nem pelo seu carácter epistemologicamente autónomo, nem pelo seu timbre essencialmente justo.

Apenas a forma sem o fundo é insusceptível de configurar o *Direito*. Embora muitas vezes nos tenhamos que contentar, por exemplo em estudos históricos, antropológicos, comparatísticos e sociológicos, com a simples tópica sociológica.

Quando estamos perante normas, tribunais, e outros órgãos do poder, polícia, prisões, penas, execuções, etc. – é normal que estejamos perante Direito ou o que se lhe queira assemelhar na forma. Os tópicos sociológicos são, assim, multidão, mas sempre assinalam a coacção, o julgamento, a norma e o poder.

Nos antípodas de toda esta nossa reflexão está o procedimento positivista, que ensina, desde o primeiro ano de Direito, que este é algo como "um conjunto de regras e normas que o Estado impõe coactivamente", com uma finalidade que normalmente tem a ver com a "paz" ou a "segurança" na sociedade, mas que pode ter retoques mais "modernos". Esta definição está cheia de erros e imprecisões, pelo normativismo, estadualismo, coactivismo, desde logo. Para mais desenvolvimentos, cf. o nosso *O Ponto de Arquimedes*, máx. pp. 149 ss..

CAPÍTULO 2
Acepções do termo Direito

O Direito é um prisma que pode ser olhado, interna e externamente, por muitos ângulos. Também a palavra é polissémica. Analisemos alguns dos sentidos mais correntes da mesma. Coube a Sebastião Cruz ter sido, *hic et nunc*, o primeiro a rigorosamente chamar a atenção para esta pluridimensionalidade semântica.

2.1. 'Direito' em sentido normativo

Sob esta designação (que alguns confundem, cremos que erradamente, com o sentido objectivo) se encontra o Direito enquanto direcção, organização, imposição geral. Mas a diversos níveis: quer através duma simples norma, quer por meio de um conjunto de normas, quer pelo próprio ordenamento jurídico, quer finalmente por intermédio dos princípios jurídicos (gerais ou fundamentais). Assim, fala-se em Direito natural, positivo, vigente; internacional; portu-guês, alemão, italiano; penal, das obrigações, das sucessões, administrativo; dos contratos, empresarial, económico, etc. – todos são, de algum modo, complexos normativos do Direito. Mas concede-se que a forma mais imediata de entender esta acepção do Direito é identificá-la com o todo do Direito, de algum modo com a normatividade geral, a ordem jurídica enquanto norma (não tanto enquanto instituição, por exemplo).

2.2. 'Direito' em sentido subjectivo

Cabe neste sentido o direito individual de cada um, a situação jurídica que proporciona a possibilidade de alguém, dada uma certa causa jurídica prévia, ser titular de faculdades ou poderes de exigir, fazer, pretender, possuir, reter, etc. Assim, o estudante Alberto tem o direito de, pago o preço, receber o café; e o empregado Belarmino (representando a entidade gestora ou proprietária do bar) o de, entregue o café, receber o correspondente pagamento. Ou Atanásio, cujo relógio fora destruído por Barnabé, tem direito designadamente a exigir uma indemnização por tal dano.

2.3. 'Direito' em sentido objectivo

O sentido objectivo do Direito identifica-se, classicamente, com "a própria realidade justa", derivando da "natureza das coisas" (a *natura rerum* romana). Trata-se do âmbito, conteúdo ou objecto do direito normativo e do direito subjectivo em especial. O direito normativo impõe a norma; o subjectivo dela se serve no concreto, encarnando-a em precisos destinatários, usando-a através de poderes e faculdades. Assim, a fixação exemplar de tal sentido objectivo é tarefa do juiz, como afirmavam os Romanos *(Digesto,* 5, 2, 17, 1): *ius fieri ex sententia iudicis* [o direito *objectivo* (= conteúdo de um direito subjectivo) determina-se (bem) por uma sentença do juiz]. Sobretudo não confundir direito efectivo, palpável, concreto, logo, objectivo (o meu relógio, a minha casa, o meu terreno, etc.), com direito abstracto, meramente declarado em proclamação ou teoria, nem com direito subjectivo (na perspectiva da relação jurídica), nem sequer com o direito normativo, o dos textos das leis. Este é frequentemente confundido, pela sua aparente "objectividade" literal, com aquele de que agora curamos.

Há contudo direitos que parecem e realmente se quedam por mera teoria ou proclamação e todavia deveriam ser concretizados, objectivados, na prática. Nem sempre é fácil sem excessos de activismo judicial fazer certos direitos efectivos.

O que se pretende aqui sublinhar é que não é sempre por razões a si mesmos intrínsecas que certos direitos não passam da letra das leis e das declarações para a vivência da prática.

2.4. 'Direito' em sentido topológico

O Direito em sentido topológico é, como a palavra diz, o relativo ao *topos,* local, lugar – indica o sítio em que a justiça é prestada, fundamentalmente se referindo aos tribunais. Assim, levar alguém *ao Direito* (ou, talvez, até dito mais frequentemente – "à justiça"), ou vir a Justiça (oficial de diligências, polícia, etc.) a casa de alguém, sugere uma mediação no contacto entre o lugar e os agentes do Direito (seus "núncios") e um particular visado.

2.5. 'Direito' em sentido epistemológico

O Direito em sentido epistemológico refere-se à *episteme,* saber, ciência) – tem como fim designatório o Direito enquanto saber jurídico, enquanto disciplina que o estuda. Assim, em "Bernardo estuda Direito", ou "o Direito é mais difícil que as demais disciplinas", o que se pretende é – claramente – falar do *corpus* de saber em causa. Cremos que o uso da maiúscula inicial na palavra se justifica neste caso epistemológico ou num sentido filosófico, com ligação com a Justiça. Nos demais casos, seria de bom tom o uso de minúscula inicial.

2.6. 'Direito' em sentido patrimonial

No caso da acepção de Direito em sentido patrimonial, está em causa o conjunto de bens que constituem o património de uma pessoa (quer na sua vertente activa, quer passiva, englobando, pois, créditos e dívidas). Também os Romanos já conheciam esta acepção: "o herdeiro outra coisa não é que o sucessor na universalidade do *direito (ius)* que o defunto possuía" (*Digesto,* 50,17,62). Direito, aqui, vale por *património*, como é patente.

TÍTULO II
O MODO-DE-SER DO DIREITO

> "*Os factos são, por vezes os maiores inimigos da verdade*"
> Amoz Oz – *Uma História de Amor e Trevas*, trad. de Lúcia Liza Muczmik, Porto, Asa, 2007, p. 43

CAPÍTULO 1

Direito Natural e Direito Positivo e outras alternativas

1.1. Direito Natural

Antes de mais, crer ou não crer num Direito Natural é uma questão de fé, de convicção. E estas convicções culturais dependem de factores psicológicos e de contextos sócio-culturais.

É muito complexo explicar com verdade e rigor o Direito Natural. Michel Villey dizia que não o aconselhava a todos. É que nem todos conseguem compreender. E muitas vezes a incompreensão é mais nociva que a ignorância.

Na verdade, a força motora do Direito Natural é a ideia de Justiça, que na célebre fórmula de Ulpiano é uma constante e perpétua vontade – *constans et perpetua voluntas*. Tem havido muitas tentativas de entender o Direito Natural. Hoje em dia é mais fácil (embora seja algo deformador sempre) identificá-lo com um conjunto de princípios jurídicos derivados da natureza humana e da natureza das coisas. Mas estas também estão em crise em certos sectores, pelo que a sua base de sustentação se torna instável. Desde logo, porque a "natureza humana" está em crise filosófica. E há bons argumentos até para a negar...

Tal como a natureza física só lentamente vai sendo conhecida pelas ciências naturais e experimentais, assim também vamos lentamente progredindo na descoberta do Direito Natural. Assim como a natureza física é parcialmente mutável e variada, também o Direito Natural não é estático, abstracto e dedutível de um princípio racional. Foi por quererem um direito natural rígido e abstracto que alguns filósofos e juristas, excessivamente crentes numa razão rígida e imutável (que não é a vera Razão), assim como confundindo demasiado as suas perspectivas filosóficas e até ideológicas pessoais com o que deve ser universal em Direito, desacreditaram o direito natural. Ao invés, a *lei natural,* de índole estritamente moral, seria intemporal. Mas é preciso o maior cuidado na sua identificação. Em matéria moral é muito frequente confundir-se o acidental com o essencial... Maior perenidade terá, pelo menos para os cristãos, a *lei divina* ou *eterna* não positiva (não revelada). Mas essa, como autores clássicos reconhecem, não parece facilmente cognoscível pelos simples mortais.

A crise da crença numa natureza humana leva também a uma crise da crença num Direito Natural nela fundado. Já o vimos. Cremos, todavia, que a questão de hoje está entre salvar a designação, plena de tradição, ou de passar simplesmente a falar em Justiça, que acaba por ser uma outra forma de resolver as preocupações jusnaturais, sem dar o flanco a críticas a partir de mais ou menos novas perspectivas, como certas posições existencialistas (para não falar em niilismos, cepticismos, relativismos e outros), que negam a natureza humana.

Não se deve confundir Direito Natural com jusnaturalismo. Aquele é tido como uma realidade, uma dimensão da realidade jurídica, este é a interpretação ou a doutrina sobre essa realidade.

E há, claramente, muitos jusnaturalismos.

1.2. Direito Positivo

O Direito positivo é o direito que os homens efectivamente criaram a partir dos princípios, dos métodos, do legado do Direito Natural. Tanto pode ser vigente, obrigatório num dado tempo e lugar, como de carácter histórico. Este último já teve vigência, mas deixou de a ter. Continua, porém, positivo. Por vezes, também se dá o nome de direito positivo à legislação contrária ao direito natural, derivada, evidentemente, da vontade de alguns homens, detentores do poder. No rigor das coisas, nem sequer de direito se trataria, mas de meras normas injustas...

O direito positivo não contraria nem é alternativo ao Direito Natural. Deve ser sua concretização para casos concretos. E deve ser justo. Mas enquanto se pressupõe que todo o Direito Natural é justo por definição, o Direito positivo pode sê-lo ou não. O que também não significa que se possa contrapô-los pela injustiça do positivo (que a maior parte das vezes não se verifica) e pela justiça do Natural. Não se trata de tal dicotomia. O Direito positivo por vezes é injusto; o Direito Natural nunca o é – por definição, mas sobretudo por natureza. Mas tal não significa que o mundo seria feliz se se transformasse o Direito Natural em Direito positivo, porque tal é impossível por natureza. O Direito Natural não tem a mesma função do Direito positivo, não tem um âmbito tão concreto. Debalde se pedirá ao Direito Natural que especifique as cores dos impressos, os prazos forenses, ou mesmo a media das penas. Só o Direito positivo, atento às realidades concretas, e inspirado pelas grandes linhas do Direito Natural pode, em cada tempo e lugar, determinar o que é mais adequado, e, portanto, também mais justo.

Tal como entre Direito Natural e Jusnaturalismo, também há uma diferença entre Direito positivo e Juspositivismo. O Juspositivismo é a teoria jurídica que considera apenas existir direito positivo, com exclusão de qualquer outra dimensão, como, desde logo, o Direito Natural.

1.3. Alternativas pluralistas aos Jusnaturalismo

É evidente que a relação Direito Natural / direito positivo se enquadra numa perspectiva ontológica sobre o Direito de índole jusnaturalista (ainda que, no nosso caso, pluralista e aberta a muitas outras aportações). O confronto do direito positivo com a injustiça que em si mesmo pode encerrar é passível de se estabelecer, como temos vindo a dizer, por outras vias. Desde logo, pode convocar-se a *ideia* de Direito, *Direito justo* a julgar o direito posto, positivo. Ou convocar a própria Justiça, *tout court*. Ou ainda apelar para a *natureza das coisas* (*natura rerum*). De uma forma menos filosófica, pode invocar-se a conformidade do direito ordinário com os princípios gerais ou fundamentais do Direito ou com os princípios e até valores (aqui voltando a haver mais filosofia) constitucionais.

Não aceitando embora o legado explícito do jusnaturalismo (em alguma medida é uma questão de sensibilidades, e herança histórico-espiritual de diferentes famílias de pensamento), o neoconstitucionalismo é uma das modernas correntes que se opõem consequentemente ao positivismo legalista do *dura lex sed lex*.

Mas no seio do próprio juspositivismo há correntes mais buriladas e atentas que admitem a própria desaplicação das leis injustas. Nada é simples, nesta matéria. E sobretudo há que, nela, ter o cuidado de não vulgarizar, banalizar, trivializar, e fazer de altas polémicas fisolóficas simples disputas "clubísticas" ou sectárias.

CAPÍTULO 2
Pluridimensionalidade Jurídica

2.1. Pluralidade fenoménica e funcional

Enquanto fenómeno, o Direito é *facto, valor, norma e texto*. É as quatro coisas e cada uma delas.

No plano funcional, o Direito exerce basicamente três funções, as quais, no fundo, são os meios para atingir os *fins parciais* do Direito, para além da Justiça: sentido do mundo, liberdade, paz social, ordenação, hierarquização, segurança, etc. Essas funções metodológicas (do grego: *caminho para...*) são as de *avaliar ou medir, dirigir e decidir*.

Trata-se, portanto, de uma pluridimensionalidade em vários aspectos ou planos, designadamente fenoménico e funcional. No desenvolvimento de uma primeira trifuncionalidade, celebrizou-se Miguel Reale. Mas ulteriormente verificou-se que também a dimensão textual (escrita ou oral) faz parte integrante do fenómeno do Direito. O Direito é sempre textual. Recordamos também a contribuição de Sourioux para o esclarecimento das funções jurídicas. Analisemos estas perspectivas um pouco mais.

2.2. O Direito como Facto

Na perspectiva fenoménica, o Direito é um facto. Tal é inegável. Vemo-lo e sentimo-lo. E uma realidade social, cultural e espiritual, como sabemos. Mas não é uma pura construção abstracta da mente humana. Radica em factos reais, naturais e/ou humanos, e cria também factos. No fundo, liga factos "não tratados juridicamente" a factos com consequências (ou que são consequências) jurídicas. Como o rei Midas vertia em oiro aquilo em que sucedia tocar, transforma o Direito em matéria jurídica aquilo em que mexe – devemos esta metáfora a Hans Kelsen, num passo em que, na sua em geral lógica e fria *Reine Rechtslehre*, se deixa mover pela poesia de um tópico mítico. Aliás, Kelsen era um erudito, e tem sido muito injustamente tratado por muitos que o leram pouco – ou *nada*! O Kelsen constitucionalista, por exemplo, tem quase sempre razão. E esse legado é muito pouco trazido à luz em jusfilosofia. Exceptue-se, por exemplo, o tributo de Luís Alberto Warat, e em banda desenhada. São sinas...

Assim, o Direito dá relevo a factos que envolvem sucessos, acontecimentos, como o nascimento (aquisição da personalidade jurídica), a morte (pressuposto da sucessão), ou uma inundação, um incêndio, um terramoto (com tantas consequências obrigacionais e reais possíveis – seguros, destruição de coisas e seus direitos correlativos, acessão, etc., etc.), ou a factos menos "históricos", como o simples decurso do tempo (importantíssimo para contagens de prazos), ou o ter-se nascido ou vivido num certo lugar (relevante quanto a nacionalidade, domicílio, e respectivas consequências, *v.g.* a nível de aplicação de normas, capacidade eleitoral, etc.), e tantos outros.

O Direito é um facto, lida com factos, cria factos, pressupõe factos. Sem eles, *não é*. Não há Direito sem factos.

2.3. O Direito como Valor

O Direito não se esgota, porém, aqui. Não se serve dos factos em bruto, antes trabalha essa matéria-prima. E os instrumentos de que se serve são valorativos. O Direito e a sua Balança pesam, avaliam os factos: confere o jurídico uma dada significação (positiva, negativa, neutra) às realidades. E aí o Direito é *valor*. Nem um sociologismo estrénuo (e, neste caso, absolutamente improfícuo e absurdo) o negaria. Na verdade, o que estas correntes poderiam eventualmente fazer seria pretender que os valores jurídicos fossem extraídos dos factos, por um juízo de normalidade (muitos furtam, *ergo* deve-se ou pode-se furtar) ou anormalidade (há muitos ricos – ou pobres –, *ergo* não deve haver tantos – ou nenhuns), de conformação ou reacção (embora esta seja, em rigor, mais política que simplesmente sociológica). Não se poria em causa o carácter valorativo do jurídico, só o modo de conformação de tais valores; não que ele seja valor, mas que valor seja ele – autónoma ou heteronomamente determinado.

Vimos, porém, que o Direito, tal como o encaramos, deve ser defendido na sua especificidade, e portanto os valores de que curamos são os da liberdade (subsidiariamente, a paz social, segurança, ordenação, etc.), da igualdade (não igualitarista), subordinados ao que para o Direito é o valor-fim Justiça. É com vista a esse fim, e na medida desse valor, que o Direito "trata" os dados, os factos.

2.4. O Direito como Norma

Uma vez dado o facto e assimilado este pela malha valorativa do jurídico, a resposta objectiva do Direito será consubstanciada na regra, na *norma,* como relação tida como justa entre o valor e o facto. Aplicada a norma, está-se a criar novos factos – por vezes "curativos" de relações injustas entre valores e factos anteriores (no caso jurisdicional, nas sentenças), por vezes profilácticos ou outros (actos administrativos, *v.g.* notariais; cumprimento espontâneo das regras).

A norma é uma prescrição de um comportamento, um facto, no caso de se verificar um outro facto. A sua estrutura é mesmo essa: se A, então B; ou: dado A, deve ser B; Se não A, então C; ou, dado A, deve ser C. Para uma hipótese, uma situação factual, prescreve-se uma estatuição, outra situação. Tal é a norma. Mas a razão de ser do *operador* da função estabelecida pela norma, do que "transforma" o facto A no facto B, essa *ratio* é dada pelo valor. Conhecedor de que a norma estabelece um vínculo, Montesquieu, logo a começar o seu *De l'esprit des lois,* escreveu, como sabemos: "As leis (...) são relações necessárias que derivam da natureza das coisas." Não curando agora do que derivem, não há dúvida que são relações, e entre coisas – factos, à luz de valores.

Paul Amselek sublinha também uma coisa óbvia, mas que nem sempre se vê: Toda a regra, na medida em que existe, é também um facto. Tal tem importância para ultrapassar a dicotomia entre direito e facto (*Méthode phénoménologique et théorie du droit*, I, pp.79-80).

2.5. O Direito como Texto

Factos, normas e valores manifestam-se em textos. Esse plano é sobretudo visível nas normas, que normalmente são textos escritos. Mas o Direito jamais se comunica (e antes de mais se forma) senão pela malha textual. O jusfilósofo e juiz espanhol José Calvo González é um dos grandes arautos desta nova dimensão do Direito, em obras de grande subtileza e fino recorte – até literário.

2.6. A Função Jurídica de Avaliar

A pluridimensionalidade funcional do Direito engloba, como dissemos já, as formas-tipo de acção do jurídico. Trata-se, pois, de funções-meios, estilizadas, e não de funções-fins.

Se Montesquieu via a lei como relação, e bem, Condillac afirmava a identidade entre relacionar e medir. De facto, na medida em que procura relações, o Direito frequentemente mede.

Como os actores jurídicos (ao contrário dos morais, tantas vezes) são sobretudo abstractos – pai, funcionário público, empregador, são entidades arquetípicas, categorias encarnáveis, não podendo haver (por definição – onde estaria a "generalidade" ou "abstracção" ?) normas para aquele *pai*, certo *funcionário público*, determinado *empregador* – o Direito é uma espécie de sistema métrico. Não quer dizer que se está perante um pai quando o concreto indivíduo cabe na forma, um funcionário público, se mede tanto, ou um empregador, se pesar X. Todavia, já se vai descobrindo a afinidade do jurídico com o medidor, ou o ensaiador.

Fala-se na medida da pena – e realmente não é pequena tarefa essa de saber e prescrever a quanto (e a quê) equivale de castigo ou prevenção o crime A ou B. Mas não só. Todas as indemnizações obrigam a que se meça, em dinheiro, ou em equivalente, o valor de um dano.

Por outro lado, o jurista, além de invadido por todos os lados pela necessidade de medir em dinheiro, tem também de medir o tempo e o espaço, que, como vimos, das prescrições à vizinhança, são indispensáveis à sua vida e *forma mentis*.

Avaliar, medir, pesar é função jurídica. Daí a Balança.

2.7. A Função Jurídica de Dirigir

Mas o Direito não pode quedar-se por avaliar. Também lhe cumpre dirigir, ordenar, recomendar ou impor, funcionando como permissão, proibição, etc. Que há várias modalidades de imposição, é um facto; para o nosso actual propósito, importa é não ignorar a espada da *Dikê* grega. O Direito pesa e sopesa, mas também indica caminhos uns mais obrigatórios que outros, claro. Uma espada pode cortar cabeças, mas também, simplesmente, servir de *longa manus*, apontando uma via a quem por ela pergunte. É conveniente que a espada signifique hoje sobretudo uma *longa manus* que indica um caminho, e não o gume apto à punição mortal.

2.8. A Função Jurídica de Decidir

Por último, o Direito decide. Decide primariamente ao estabelecer como medir e o que indicar (como dirigir), e decide numa fase ulterior ante os factos concretos. Quando, no respeito pela legalidade, a Administração Pública emite um acto administrativo, não há dúvida de que está a decidir sobre um caso concreto. A doutrina austríaca chama-lhe até *Bescheid,* decisão. E o mesmo se diga para as sentenças, que são decisões jurisdicionais. Por outro lado, mesmo entre os particulares, o Direito surge de decisões. Os actos jurídicos, e especialmente os negócios jurídicos, derivam de declarações de vontade dos contraentes a que se ligam efeitos jurídicos (no caso dos negócios jurídicos queridos como tal (tais) pelo(s) interveniente(s)).

Independentemente de possíveis polémicas psicológicas e jurídicas sobre o papel da vontade, estamos em crer, excluindo bizantinices, que tais fenómenos de Direito decorrem de *decisões*. Um testamento ou um contrato são "entes jurídicos" que decorrem dos negócios jurídicos homónimos, e será difícil provar que quem lhes deu causalmente origem (não havendo vícios de vontade, ou divergência entre a vontade e a declaração) não o fez com base numa decisão decorrente da sua racionalidade e liberdade, no quadro institucional da liberdade contratual acolhida pela ordem jurídica.

TÍTULO III

CORRENTES DO PENSAMENTO JURÍDICO

> *"Desde Platón a Hegel, todos los grandes filósofos han visto en el Derecho el campo principal de su actividad hasta el punto que (...) la moderna Jurisprudencia no es otra cosa, en lo esencial, que una prolongación de los grandes sistemas filosóficos"*
>
> Luis Legaz y Lacambra, *Filosofía del Derecho*, 5.ª ed., p. 12

CAPÍTULO 1
Positivismo (ou Monismo) Jurídico

1.1. Noção, Raízes e Formas

O Positivismo Jurídico é uma das principais correntes de pensamento e de acção jurídica, opondo-se directamente ao Jusnaturalismo – já o sabemos.

A grande diferença entre ambos é que, de um modo ou de outro, enquanto os jusnaturalismos (que são vários) acreditam que, por detrás ou acima do direito vigente, concretizado pela acção do poder ou da realidade social, há um outro Direito, mais profundo e decorrente da natureza, da razão e/ou da divindade ou da ordem das coisas (que se reconduz à natureza), já os positivismos (que são vários também) crêem que o direito que está aí (na sociedade, na lei, ou na história), positivado, é o único direito e tudo o mais será, quanto muito, moral, ética, filosofia, ou meros votos piedosos. Isto significa que os jusnaturalismos são dualismos jurídicos (considerando a existência simultânea de um direito natural e um direito positivo, por ele julgado e nele fundado), enquanto os positivismos, negando esse outro direito, representam a posição monista. Pode ser que os positivismos tenham razão numa coisa: no carácter não jurídico do Direito Natural. Mas, em todo o caso, de novo o Sísifo jurista teria que responder: e se o Direito Natural for *moral*, mesmo assim, não deverá o Direito obedecer, ao menos nalguma medida, a essa moral (presume-se que devidamente *depurada*)?

Há quem afirme que o positivismo tem, histórica e filosoficamente, como antepassado próximo (mas de algum modo involuntário, pelo menos em algumas das suas correntes) o racionalismo jurídico (ou jusracionalismo, por vezes e menos denotativamente também denominado Direito Natural Moderno, ou jusnaturalismo moderno) que, sobretudo através da empresa codificatória, anunciou e lançou as bases da metodologia exegética, presa à letra dos textos. O seu antecessor distante (ou permanente, se atentarmos à perenidade de todas as correntes filosóficas) é o nominalismo, o qual, sobretudo a partir de Guilherme de Ockham, lançou as bases da actual estrutura do edifício metódico de boa parte do Direito, a teoria da relação jurídica, com a "invenção" dos direitos subjectivos. Como se pode ver no lugar próprio, não estamos certo que essa filiação seja real, e mais: nem sequer é hoje para nós líquida a dicotomia entre jusnaturalismo clássico e jusracionalismo no plano filosófico-metodológico, descontando a cor local e a política.

Apesar de todas as profissões de fé em contrário, o positivismo é ainda a corrente hoje dominante na prática, embora doutrinalmente encontre poucos adeptos (sobretudo no continente europeu).

O Positivismo jurídico pode dividir-se em três principais formas, famílias ou correntes: a legalista, a sociologista e a historicista.

1.2. O Juspositivismo Historicista

A corrente positivista historicista encontra-se actualmente em franco declínio, acompanhando a má estrela da sua inspiração teórica fundamental, o materialismo histórico. Porém, a prática anterior já havia de algum modo diluído a corrente na contestação do direito instituído através de um discurso aparentemente sociológico nos países capitalistas, e na defesa da legalidade vigente, através de uma prática legalista, nos países do dito "socialismo real". Em muitos casos (não todos!), os marxistas (agora frequentemente renegando a experiência soviética) mudaram-se para um marxismo residual e de "linha branca", pós-moderno, e agora a corrente em que principalmente se integram é a sociologista. Embora não se deva confundir pós-modernidade com simples neomarxismo, como é óbvio. Havendo, além disso, neomarxismos heterodoxos e democráticos, como sublinharam, entre nós, Eduardo Lourenço (*O Complexo de Marx*) e Manuel Canijo (v. a obra póstuma *Textos de...*).

1.3. O Juspositivismo Sociologista

A corrente sociologista afirma a dependência real do Direito face aos factos sociais e considera valorativamente tal imbricação como positiva. Daí que reivindique direito novo para alegadamente acompanhar o progresso (embora dependa de "que progresso") e a revogação do direito velho para o mesmo fim. Reserva-se, porém, muito pouco sociologicamente a decisão autoritária e dogmática sobre qual o sentido do progresso a eleger. No limite, a sociedade quereria o que se alega que deseja (*v.g.* despenalização do aborto, da droga, etc.). E quando quiçá deseje coisas contrárias (*v.g.* pena de morte) estaria inequivocamente enganada, manipulada, seria irremediavelmente passional, etc. Claro que deseje a maioria o que desejar, pode, efectivamente querer coisas justas ou injustas. Hitler também subiu ao poder por eleições. O voto é uma forma técnica de deliberação com muitas virtualidades, mas a democracia precisa de um conteúdo ético que a simples forma ritual não lhe pode conferir. E as decisões do Direito encontram-se nas mesmas circunstâncias. Sobretudo os referendos, à primeira vista muito democráticos, acabam por redundar em quase invariável vitória de ditadores ou de demagogos – ou de ditadores demagogos.

A contradição entre lisonjear as pulsões hedonistas e recusar os instintos de defesa e a sede de sangue e de bodes expiatórios, patenteia à saciedade que, ao contrário do "cliente", a massa pode não ter sempre razão. E que o justo e o injusto se encontram nos comportamentos sociais enraizados, tranquilos e normais, e na consciência das comunidades, raízes significativas e indicadores normativos úteis, todavia se não esgotam nas práticas e nas convicções dos profanos: são valores que, tal como, por exemplo, os estéticos, não raro só podem ser apreciados e detectados por uma sensibilidade que, tendo uma base inata (o sentido de Justiça), todavia se educa e se refina. Toda a argumentação, pretensamente progressista ou claramente conservadora ou até reaccionária, que se baseia apenas e argumentos não ponderadamente sociológicos, mas *sociologistas*, é de recusar pelo Direito. O Direito não pode conformar-se ao que é, ao que se faz, etc.

Embora deva estar atento à *força normativa dos factos*, ao costume, etc.

1.4. O Juspositivismo Legalista

A corrente legalista é a verdadeira filosofia do direito dos negadores da filosofia do direito. Para ela, encurtando razões, o Direito é o que o poder manda. O seu lema é o brocardo romano da decadência (quando já não havia legitimidade para ancorar a mais nada a nau náufraga do Império em decomposição) *dura lex, sed lex* – a lei é dura mas é a lei. Isto é, a lei é a lei e não há mais nada a fazer: cumpra-se. Entre nós costuma a burocracia escudar a sua passiva rotina com uma expressão menos bombástica, mas que serve de legitimação universal: *são ordens*. Também contra isto não há nada a fazer. Pelo menos no momento...

Se fosse obrigatório que todo o funcionário de *guichet* tivesse, em si, atrás de si ou acima de si um jurista inteligente, não servil, *bem formado*, este tipo de respostas acabariam.

O legalismo acredita na lei, e apenas no que ela diga, preto no branco. No limite, gostaria de nem sequer interpretar. É uma doutrina de cumprimento, nem sequer da vontade da lei ou do legislador, mas de uma abstracta e absurda entidade que não espelha o espírito legal em qualquer das suas facetas: é o cumprimento da literalidade, uma espécie de fetichismo da fórmula mágica, um ritual vazio.

Esta obediência cega às ordens, mesmo se postas em forma de lei (injusta), foi pela primeira vez posta em crise juridicamente pelos tribunais que julgaram os crimes da II Guerra Mundial: em Nuremberga e em Tóquio, julgaram-se os vencidos e nem todos em situações de topo, sim, mas por, no limite e em síntese, não terem desobedecido a ordens iníquas, se não terem rebelado contra leis injustas.

Desde então, tem sido muito difícil sustentar a bondade do que é legal só porque quem manda numa dada circunstância assim o determina. Mas na prática é sempre muito mais fácil cumprir –

sobretudo quando não se é vítima da iniquidade. E muito difícil desobedecer. Antígona é sempre exemplo, mas não muito seguido. Não só por tibieza, ou medo, mas porque todos sabemos como todas as ordens jurídicas conhecidas são injustas em certo grau, e sempre todas as revoluções as condenam em bloco, depois de triunfantes. O problema mais agudo, mais difícil, nesta questão da desobediência, além do de se determinar qual é o mal menor – sofrer a injustiça pode ser um mal menor – é o de determinar quando se chegou ao limite do tolerável.

Apesar de todo o recuo doutrinal, é tão forte o peso da mentalidade juspositivista que se pode mesmo falar até, como veremos, em jusnaturalismo positivista, o que significa a contaminação do próprio lado oposto no tabuleiro do xadrez doutrinal. Muitos jusnaturalistas teóricos seriam absolutamente incapazes de desobedecer a uma lei injusta. E pior: ainda o justificam com a teoria do *mal menor*. A qual é válida, mas se se tratar, realmente, de um mal menor...

Seria a ordem nazi um mal menor? Mas o que aconteceu a quem se rebelou contra o nazismo? É também demasiado fácil condenar a tibieza alheia quando confortavelmente se não viveram as situações dramáticas que foi dado a outros viver.

1.5. Desfazendo Equívocos

Nesta matéria do natural *vs.* positivo, há alguns graves erros a evitar: o pensar-se que o Direito Natural pode passar sem o positivo, e vice-versa; ou o cuidar-se que o primeiro é bonzinho e o segundo pérfido; o de crucificar a lei, idilicamente pensando que se pode passar sem ela, ou que o Direito Natural a proscreve ou minimiza de algum modo. Importa erradicar tamanha confusão: o jusnaturalismo apenas considera (e não é pouco) que a lei injusta não é lei, não é Direito. Mas daí a automaticamente se pregar a desobediência vai uma enorme e quase intransponível distância: recusar a lei só poderá fazer-se se daí não advierem males maiores. Por outro lado, não é lei injusta qualquer determinação pelo simples e caprichoso facto de não agradar ou convir ao senhor A ou ao grupo B. A injustiça da lei deve, desde logo, traduzir-se na violação de algum dos três preceitos jurídicos, características internas das normas jurídicas (viver rectamente, não prejudicar ninguém, atribuir a cada um o que é seu).

O Homem moderno encontra-se infelizmente cada vez mais desprovido de meios técnicos e axiológicos capazes de servirem a um juízo sobre a justiça das normas. A sua cultura degrada-se, o seu conhecimento do mundo restringe-se, a sua normal capacidade de avaliação sem paixão volve-se quase nula, o subjectivismo cresce. E assim é deveras perigoso taxar de injusta uma norma sem a fazer passar pelo crivo de profunda e plural crítica.

E depois não é só a injustiça absoluta, como as normas de segregação racial ou de género evidenciam. Também está em causa a injustiça social posta, agravada ou facilitada por certas leis. Ora tal injustiça social, designadamente de leis que abram as portas a exploração desenfreada, é tão injusta como a primeira. Talvez fazer intervir estes critérios venha complicar a "pureza" do *suum cuique*. A verdade, porém, é que o Direito não pode virar as costas ao problema da Justiça, seja ela em que dimensão for. E os tempos actuais de crise provam que um Direito cego ou distraído já não é Direito. Pode até volver-se em anti-Direito, porque demasiadamente injusto, quer por acção, quer por omissão.

CAPÍTULO 2
Pluralismos Jurídicos

Podemos falar em Jusnaturalismo em sentido lato ou latíssimo, e em sentido rigoroso.

2.1. O Jusnaturalismo *lato sensu* e os seus perigos

Em sentido lato ou latíssimo podem considerar-se "jusnaturalistas" (e as aspas contam aqui muito) todos os autores e correntes que defendam o pluralismo jurídico no sentido de uma ontologia e uma normogénese não exclusivamente positivas (legal, sociológica ou histórica), considerando existiram formas de Direito extra-voluntárias, e sobretudo apelando para dimensões mais altas e mais fundantes do direito positivo como as expressas pelos sintagmas direito vital, direito divino, natureza das coisas, etc. Também se podem incluir aqui, sempre num sentido latíssimo, os que se preocupam com a lei injusta, e toda a juridicidade injusta. A preocupação pela Justiça, julgadora, de uma forma ou de outra, do próprio Direito positivo, seria a pedra de toque.

O problema com este emprego da designação "jusnaturalismo" é que muitos dos *pluralistas* (*hoc sensu*) nela assim integrados recusam ser "jusnaturalistas". Muitas vezes com argumentos complexos e pertinentes, outras vezes por uma questão (até certo ponto também legítima, diga-se) de sensibilidade ou susceptibilidade linguística: por não aceitarem a conotação. E aqui temos de nos curvar perante este dado.

2.2. Jusnaturalismo *stricto sensu*

Já os jusnaturalistas em sentido estrito ou rigoroso crêem numa dimensão a todos os títulos jurídica, jurídica de pleno direito, superior e fundante do Direito positivo, a que chamam normalmente "Direito Natural". Nesta perspectiva, a primeira corrente jusnaturalista é a do realismo clássico, de que falaremos *infra*. Como uma decorrência dela, por alguns muito criticada como heresia deformadora, mas na verdade certamente tendo sido uma resposta da época bebendo nas velhas fontes, existiu também o jusnaturalismo moderno, ou jusracionalismo. Esta corrente, de que se enunciam normalmente rudimentos superficiais críticos, quer da banda positivista, quer do lado realista clássico, espera ainda a serenidade e a investigação que mereceria. Intuímos neste momento, pelas nossas investigações sobre o jusracionalismo português, que poderemos ter surpresas interessantes, dado o hibridismo dessa correntes, entre o clássico e o moderno, entre a natureza e a razão, entre o despotismo esclarecido e o liberalismo. Como dissemos, pode até suceder que nem seja pertinente destacar esta corrente senão em termos políticos ou ideológicos (ma não já filosófico-metodológicos). Vamos a ver o que novas investigações nos trarão.

Além destas correntes canónicas há vários autores hodiernos que, mais ou menos ortodoxamente, se reclamam de algum jusnaturalismo. E sobretudo muitos que, recusando o positivismo jurídico, não desejam ser rotulados de jusnaturalistas, etiqueta que lhes parece remeter para um paradigma ultrapassado.

Poderá pois um dia pôr-se a questão de uma mudança de nome – para uma designação com melhor *marketing*?

Muito provavelmente.

Mas neste capítulo (com algo de futurológico) não poderemos esquecer-nos da *mudança de paradigma* no Direito. Pode ser que, tal como já vai sucedendo no âmbito da argumentação do neoconstitucionalismo, o problema que foi durante séculos resolvido com recurso ao operador "Direito Natural" possa vir a ser equacionado com outro paradigma, ou colocada a questão noutros termos. Não o sabemos ainda.

2.3. Realismo Clássico

O realismo jurídico clássico, ou escola clássica do Direito Natural, ou jusnaturalismo clássico, é a concepção filosófica originária do Direito – a de Aristóteles, a dos Romanos, e que viria a ser mais tarde reencontrada por S. Tomás de Aquino. Não se deve confundir com os realismos positivistas, escandinavos ou norte--americanos, que oscilam entre a informalização, o psicologismo e o sociologismo. O realismo clássico tem como oposto filosófico o nominalismo, que está na base das perspectivas jurídicas dominantes e triunfantes da modernidade. Ao menos simplificando a questão.

Em termos muito gerais, o jusnaturalismo clássico procura o direito nas coisas e nas relações sociais axiologicamente correctas (procedendo, nos primórdios, a uma como que sociologia axiologizada ou eticizada). A visão ou acepção de Direito que privilegia é a objectiva, entendendo assim o Direito, antes de mais, com o sentido do devido, da coisa devida – só depois, e por analogia, derivando para outros usos do termo (os analogados secundários).

A distância de tempo e sobretudo de realidade envolvente que nos separa dos tempos clássicos greco-romanos, e as sucessivas camadas de teorização que em nós foram sedimentando o seu legado, explicam talvez que, por vezes, esta perspectiva possa parecer excessivamente rígida e inapta a abarcar situações subjectivas, e faça erroneamente aparecer tal teorização aos olhos de alguns como uma cristalização impermeável aos clamores de justiça.

Na verdade, na procura da justiça – princípio e fim de todo o Direito – muitos podem ser os caminhos. Não nos parece atraiçoar o legado realista clássico que, baseados no célebre brocardo de Ulpianus *Iustitia est constans et perpetuas voluntas ius suum cuique tribuere* (a justiça é a constante e perpétua vontade de atribuir a cada um o que é seu), procuremos associar à coisa justa, ao *suum,* como é tradicional nesta corrente, uma dimensão prosopológica (enfatizando a Pessoa implicada pelo *suum cuique),* e uma perspectiva última e em última instância reguladora de "fome e sede de justiça", já implícita no *constans et perpetua voluntas* – signo de insatisfação e contínua perfectibilidade. Todavia, qualquer destas três vias, fontes ou inspirações seria suficiente – e desde logo a mais tradicional (conquanto não apoucada na heresia que constitui o jusnaturalismo positivista, puramente titularista e, assim, socialmente enquistado). Em pleno século iluminista, Addison demonstraria, numa pequena efabulação utópica, que bastaria o *suum cuique* para fazer justiça no mundo, e dar plena emancipação à pessoa humana. Tal demonstra que, se a linguagem do realismo clássico por vezes já não é compreendida pela sensibilidade semântica e a cosmovisão filosófica do presente, continua plenamente válida na sua mensagem. Sem prejuízo de novas aportações e sobretudo novos estilos. Porque não deve haver medo em colher as aportações positivas onde quer que elas se possam encontrar.

2.4. Jusnaturalismo Positivista

Da ortodoxia jusnaturalista em sentido estrito, passemos a uma heresia que decorre precisamente do excesso de ortodoxia: o jusnaturalismo titularista, ou positivista.

Quando um jusnaturalista, ou defensor do direito natural, pretensamente interpretando o mais lídimo pensamento do realismo clássico, a originária corrente aristotélico-romanista-tomista, afirme que o seu de cada um (que o direito deve rigorosamente atribuir) é apenas aquilo a que o senhor A, B ou C tem direito mercê de um título jurídico, então está a restringir a fórmulas positivadas os direitos originários e decorrentes da natureza humana, confundindo o natural (próprio da humanidade) com o social e o pessoal (estabelecido pelo jogo da fortuna e a sorte da política). É a esta limitação dos direitos naturais ao devido por contrato, testamento, lei, costume, etc. (com exclusão do título jurídico que é a própria natureza humana) que se chama jusnaturalismo positivista, o qual pode ser superado pela ideia de Justiça e pela consideração da Pessoa nas relações jurídicas naturais. Sem dúvida alguma que, mesmo nos títulos jurídicos, a natureza humana é título, ou, ao menos, a condição de se ser Homem. E daí decorrem não só os Direitos do Homem (ou Humanos) como ainda, ao menos, e especificamente, o direito a um mínimo digno para qualquer um. Sem prejuízo, como é óbvio, do *princípio da responsabilidade*, que deve prevenir, nomeadamente o cancro moral e social que é a subsidiodependência, que em alguns países já vai na 3.ª geração!...

2.5. Jusracionalismo

A corrente que contrasta directamente com o realismo jurídico é a do jusracionalismo. Tem tido uma fortuna teórica muito negativa, porque se encontra sob vários fogos cruzados, quase sem paladinos que efectivamente a defendam, e com muito escassos investigadores que por ela desinteressadamente se interessem.

Os realistas clássicos, desde Leo Strauss e Michel Villey, consideram este direito natural moderno como uma espécie de traição ao verdadeiro e clássico direito natural.

Alguns historiadores, normalmente sem profunda familiaridade com as questões do Direito e da sua filosofia, tratam a corrente de forma superficial e confundem-na com todo o jusnaturalismo – o que supremamente irrita os realistas.

Alguns descendentes directos desta perspectiva – mesmo os que assumem posições fundadas no plano da filosofia política ou da política *tout court* – normalmente esquecem-no, ou por desconhecimento puro e simples, ou por rendição a novas modas – algumas delas não tão novas assim, nem tão cativantes, nem com tantos pergaminhos e profundidade.

Por todos estes motivos há poucos dados para com serenidade e isenção estudar autonomamente esta corrente, que de modo algum está na ribalta. Como dissemos, os nossos estudos sobre o jusracionalismo luso-brasileiro dão-nos a esperança de que se encontra aqui um filão de alto valor. E que terá sido a resposta do seu tempo, com muitos materiais clássicos, aos desafios que se lhe punham. Não cremos, assim, que se possa dizer, simplesmente, que é um anúncio do positivismo. Em muitos aspectos é um jusnaturalismo de cabeleira empoada. Noutros, anuncia ventos de despotismo esclarecido. Noutros ainda, canta hinos de liberdade.

É sobretudo um daqueles fenómenos que se não podem desprezar, nem catalogar apressadamente, antes de atento exame de muitas fontes.

2.6. Outros Pluralismos

Como se depreende de vários passos deste livro, os jusnaturalismos, cujo legado é imenso, não se encontram hoje isolados na crítica e na "superação" do positivismo jurídico. Por um lado, o próprio positivismo jurídico está longe da caricatura do *dura lex sed lex*. Por outro, muitas correntes contribuem para um debate mais rico, e muitas não se assumem como jusnaturalistas. Parece inegável que o judicialismo, ao negar o carácter todo-poderoso da lei, é anti-positivista legalista. Ao contrariar o carácter dogmático e construtivista do pensamento precisamente dito dogmático, o pensamento tópico-problemático contraria outra dimensão do positivismo. Os Direitos Humanos, o direito humanístico, altruísta e fraterno, são outros tantos paradigmas e movimentos que colocam o positivismo jurídico em séria crise, inclusivamente no terreno metodológico. Escândalo mesmo podem ter provocado (mas sabemos como os juristas são "recuperadores") estudos como o Direito & Literatura, Direito e Arte, e até áreas aparentemente menos heterodoxas, como a Mediação jurídica. Mas a mediação pode ser profundamente "subversiva" por introduzir outras racionalidades e até trans-racionalidades no "jogo" do Direito. O neoconstitucionalismo e o que anuncia de tarefa filosófica do mais essencial ramo do Direito, o Direito Constitucional, hoje irradiante, também se posiciona contra o juspositivismo. São múltiplas as teorias e as práticas.

E pode dizer-se que hoje são muitas as que, partindo de pressupostos bem diversos entre si, comungam a ultrapassagem ou a crítica do dogmático, do literal, do meramente hiérárquico, do simplesmente subsuntivo, do limitadamente servil à máquina de mandar e fazer obedecer.

CAPÍTULO 3
**Pensamento Tópico, Canónico e Dogmático.
Judicialismo e Normativismo**

3.1. Da Dialéctica do Direito Autónomo ao Dogmatismo do Direito Servil

O Direito nasceu como dialéctica – agonismo entre partes em juízo, a ser resolvido por um terceiro independente, o juiz –, foi seleccionando para si uma tópica – a partir, naturalmente, dos lugares comuns mais eficazes e adequados já utilizados anteriormente na argumentação dos sofistas –, criando, assim, uma Retórica especial, a jurídica.

Contudo, desde os seus alvores gregos e romanos, o Direito foi sendo cada vez mais vítima da complexidade. E uma fatia tão apetecível da realidade do poder (afinal do poder, porque o Direito também é poder – naturalmente) não podia deixar de tentar quer a *casta dos juristas* que se foi formando, quer o próprio poder político. Isto significa que o afastamento do Direito da sua raiz se deve por um lado ao poder, que se arrepende frequentemente de ter permitido ou tolerado a autonomização jurídica, e por outro lado aos próprios juristas, que, desvirtuando a sua função, que é serviço, sacerdócio como diziam os Romanos, o procuraram por vezes fazer caber na estreiteza de moldes mentais estritos, e no acanhamento maior ainda dos seus interesses particulares. Por outro lado, o mundo também se foi complexificando, e os pressupostos técnicos e políticos do mundo clássico não se verificaram depois. Da *Polis* ao Império Romano já muito mudara. E o mundo contemporâneo é mais estranho ainda a esses tempos matinais da civilização ocidental e do seu direito.

Quando o Direito nasceu, era dialéctica, e veio à vida como liberdade e autonomia. Com o crescendo de complexidade, veio também o servilismo, a perda de autonomia. O dogmatismo que a complexidade engendra tantas vezes é sinal de submissão do Direito ao poder.

3.2. Bases do Pensamento Tópico-Problemático em Aristóteles

Comecemos então por recordar algumas bases teóricas da dialéctica, tópica e retórica jurídicas, com Aristóteles – com passagens colhidas nos *Tópicos* do *Organon* e na *Metafísica*:

"Não devemos considerar que toda a proposição é dialéctica, ou que todo o problema é dialéctico, pois nenhum homem prudente postularia algo que não é admitido por ninguém, nem poria em dúvida o que é evidente a todos ou à maioria das pessoas; no segundo caso, não há dificuldade, e, no primeiro, ninguém daria a sua concordância."

Por aqui vemos que, sem se ser dogmático, nem tudo pode ser dialectizado: e o que suporta, como base, o pensamento dialéctico é a parte não dialéctica, que, como veremos, é pensamento dos cânones.

"A proposição dialéctica é uma interrogação provável, já por toda a gente, já pela maioria, já pelos sábios, e, entre estes, já por todos, já pela maioria, já pelos mais notáveis"

"A especulação acerca da verdade é, num sentido, difícil, noutro fácil: a prova é que ninguém a pode atingir completamente, nem totalmente afastar-se dela, e que cada (filósofo) tem algo a dizer sobre a Natureza, nada ou pouco acrescentando cada um à verdade, embora se faça do conjunto de todos boa colheita."

Este é o princípio essencial, a fraqueza, mas também a força da dialéctica: ela sabe das suas limitações.

"(...) É, pois, de justiça mostrarmo-nos reconhecidos não só para com aqueles cujas doutrinas partilhamos, mas ainda para com aqueles que mais superficialmente se exprimiram: também estes, com efeito, deram a sua contribuição, pois exercitaram o nosso hábito."

Outra vantagem da dialéctica: aprendermos mesmo com os nossos adversários. Finalmente, neste ponto, a dialéctica recusa problemas que a ciência "pura" ou a convicção moral enraizada considera assuntos resolvidos:

"Quem proponha a questão de saber, por exemplo, se é preciso ou não louvar os deuses e amar os pais, não pede mais que uma boa correcção, e quem pergunta se a neve é branca ou não, só tem de abrir os olhos."

É claro que hoje saberíamos, com os esquimós, que há muitos tipos de cor branca (e de cor branca da neve), assim como o louvor aos deuses e o amor dos pais nem sempre serão (ai de nós!) bases incontestadas da nossa mundividência comum contemporânea.

3.3. Pensamento Tópico-Problemático e Pensamento Sistemático ou Dogmático

A aplicação da dialéctica ao Direito é natural. Há coisas que o Direito não pode nem deve questionar e a grande parte das questões que nele se põem não podem avaliar-se com certezas científicas puras, mas apenas por juízos de plausibilidade.

O pensamento que se funda nesta perspectiva dialéctica é, naturalmente, um pensamento problemático: ágil, dubitativo, assente na virtualidade do contraditório e da síntese, com uma perspectiva realista dos limites da razão humana e da sua capacidade para entender o real e para julgar os homens. Avesso às grandes construções abstractas, mais preocupado com os casos concretos do que com os princípios geométricos.

O pensamento tópico-problemático normalmente anda em consonância com a corrente jurídica judicialista, que considera em última instância os juízes como os últimos criadores do Direito. Na verdade, para os judicialistas, a lei não vive, em última instância, sem o juiz. Só por ele, em caso de litígio, ganha vida, ao ser aplicada – na verdade re-criada. E, em contrapartida, os normativistas (escola que se opõe ao judicialismo) jamais conseguirão provar como a lei – em caso de patologia jurídica, num pleito – pode executar-se a si mesma, viver por si própria.

Por outro lado, é patente que o pensamento dogmático, sistemático, aparentado com o legalismo, é normalmente positivista; enquanto o pensamento tópico, problemático, é em geral pluralista, ou até jusnaturalista.

No plano da atitude, vemos muitas vezes nos dogmáticos mais extremistas uma crença radical na ciência do Direito, acompanhada de um certo orgulho e até sobranceria. Os dialécticos, que perfilham o pensamento tópico-problemático, têm normalmente outra humildade e uma fé mais crítica e auto-crítica na capacidade do Direito, e preferem considerá-lo uma Arte a uma Ciência.

Comentemos um dos mais famosos autores do pensamento sistemático, aliás traduzido entre nós:

"*A tópica é, por isso, basicamente, inconciliável com a doutrina da validade e das fontes do Direito; pois aquando da aplicação do Direito, as premissas não se legitimam a partir da 'opinião de todos ou da maioria ou dos sábios' mas sim do Direito positivo e isto mesmo quando este não coincida com aqueles. Em especial, a tópica não consegue oferecer nenhum critério acertado para a resposta à questão decisiva de a qual de entre vários 'tópicos', que pela sua natureza podem ser propostas de solução, se deve reconhecer a primazia; só o sistema pode, em regra, cumprir esta função de escolha.*" (Claus-Wilhelm Canaris, *Pensamento Sistemático e Conceito de Sistema na Ciência do Direito*, trad. port. e introd. de A. Menezes Cordeiro, Lx., Fundação Calouste Gulbenkian, 1989, p. 287-288).

E logo prossegue, aparentemente considerando – ao contrário dos dialécticos – que o direito já estará perfeito antes da intervenção jurisdicional (no tal sistema: que não se apartará certamente muito daquilo a que alguns manuais vulgarmente chamam, *grossissimo modo*, "conjunto de regras e normas"):

"Esta insuficiência da tópica perante o princípio da sujeição da aplicação do Direito à lei resulta de os seus partidários não distinguirem suficientemente entre tarefas de legiferação e as de jurisprudência; eles desconhecem, sobretudo, que a jurisprudência tem parcialmente a ver com a execução compreensiva de valorações já colocadas, mas não com uma escolha tópica de premissas e que, por consequênciua, ela é fundamentalmente uma doutrina do 'entendimento justo' [dizemos nós: subsunção e algo mais: mas quanto mais?] *e não uma doutrina da 'actuação justa'* [comentemos ainda: mas o que interessa – interpretar ou executar 'bem' a lei, segundo um modelo abstracto pré-determinado, e mecanicamente aplicado, ou fazer justiça?]. *Além disso, o pensamento tópico está sempre orientado o mais estreitamente possível para o problema singular, e corre, por isso, sempre o perigo de ignorar a regra da unidade interior e da adequação da ordem jurídica".*

Mas precisamente essa é um dos aspectos da força e da razão de ser da tópica – o interessar-se pelo problema singular. E tal não é necessariamente incompatível com uma unidade e adequação da ordem jurídica. Pelo contrário: a ordem jurídica será tanto mais adequada quanto nos casos concretos se revelar justa; e será tanto mais una, nessa justiça omnipresente, se for a soma das justiças particulares, com uma ideia geral de Justiça – que a tópica obviamente não nega, ao negar um abstraccionismo uniformizador.

Dir-se-á, assim, que a unidade do sistema se garante não pelo exílio da dialéctica, mas pelo seu aprofundamento, sendo certo que um dos tópicos é, precisamente, o da unidade do sistema jurídico, outro o do primado da lei escrita, etc..

Quanto à precedência entre tópicos, é óbvio que não se encontra previamente fixada, sendo, ela também, objecto de disputa.

Porém, a existência de valores como pano de fundo canónico a presidir à dialéctica parece-nos poder ser fiel garante de que não estamos perante qualquer tipo de "direito livre" ou anarquia metodológica como alguns prontamente acusaram todo o pensamento problemático em Direito.

O pensamento dogmático manifesta-se na "construção" teórica do Direito, em que a maioria de nós foi formada, e numa hermenêutica na verdade pré-Hermenêutica que ainda vive de um pseudo--Savigny "de carregar-pela-boca", que Lenio Streck pulverizaria aliás, neste texto:

"(...) o pensamento jurídico dominante continua acreditando que o jurista primeiro conhece (*subtilitas inteligendi*), depois interpreta (*subtilitas explicandi*), para só então aplicar (*subtilitas applicandi*); ou, de forma mais simplista, os juristas – inseridos nesse imaginário engendrado pela dogmática jurídica de cariz positivista-formalista – ainda acreditam que interpretar é desvendar o sentido unívoco da norma (*sic*), ou, que interpretar é descobrir o sentido e o alcance da norma, sendo tarefa precípua do intérprete procurar a significação correcta dos conceitos jurídicos (*sic*), ou que interpretar é buscar 'o verdadeiro sentido da norma', ou ainda, que interpretar é retirar da norma tudo que nela ((se)) contém (*sic*) tudo baseado na firme crença de que os métodos de interpretação são 'um caminho seguro para alcançar correctos sentidos", e que os critérios usuais de interpretação constitucional equivalem aos métodos e processos clássicos, destacando-se, dentre eles, o gramatical, o lógico, o teleológico objetivo, o sistemático e o histórico (*sic*); *finalmente, para total desespero dos que, como eu, são adeptos da hermenêutica filosófica, acredita-se ainda que é possível descobrir a vontade da norma (o que isto significa ninguém sabe explicar) e que o legislador possui um espírito* (*sic*)!"

[Lenio Luiz Streck, *A Hermenêutica Filosófica e as posibilidades de superação do positivismo pelo (Neo) Constitucionalismo*, p. 294, sublinhados nossos].

O regresso da tópica em Direito deve-se muito à pequena mas iluminadora tese de concurso de Theodor Viehweg *Topik und Jurisprudenz*, e, mais próximo de nós, à capacidade criadora aliada ao conhecimento enciclopédico de Francisco Puy Muñoz.

3.4. Pensamento Canónico

As últimas questões levantadas conduzem-nos a outras dimensões, designadamente ao pensamento canónico. O qual, como é óbvio, nada tem a ver com o chamado "Direito Canónico", direito privativo e interno da Igreja Católica Apostólica Romana. Digamos que, em geral, a dimensão canónica do pensamento jurídico se prende com aquelas questões que a experiência, a prudência, ou a sapiência de algum modo cristalizou como não merecendo a pena disputar ou continuar a disputar. Ao contrário do pensamento dogmático, que muito tem de utópico, o pensamento canónico tem raízes, tem lugar – é mesmo "telúrico". Há princípios jurídicos absolutamente consagrados – da não retroactividade da lei penal, da culpa, da audição das partes, etc. – cuja discussão é semelhante ao perguntar se a neve é branca ou se se deve honrar os pais. Nesse sentido, assim se responde à objecção sobre a hierarquia entre os tópicos. De alguma maneira, há tópicos que já são mais que tópicos: são cânones. Tanto no plano cultural e civilizacional como no jurídico (que desse plano é um sector importante), há cânones que são fundantes. E cânones cujo esquecimento importaria em retrocesso. Ignorar Shakespeare ou o princípio da separação dos poderes não são abstracções dogmáticas, nem caprichos de um modismo de pensamento único. São quase como a cor da neve e o amor aos pais. Por isso, enquanto o pensamento dogmático arbitrariamente nos diz que o direito potestativo não pode ser violado, numa construção jurídica especiosa (e por isso sempre mais decorada do que entendida pelos estudantes), o pensamento canónico, que é de algum modo solidário do tópico, afirma, por exemplo, que "todos os homens são livres e iguais em direitos". Não é dogma, é cânone. E não deve ser discutido como simples tópico. Pelo menos não o deve ser ao mesmo título que é perigoso para a ética da nossa civilização discutir se se deve amar os pais. Infelizmente, cada vez mais, nas nossas sociedades pouco educadas e pouco educadas em e para valores, se vai tornando difícil entender que o cânone é uma proposição libertadora, enquanto o dogma é um postulado fechado que reivindica uma intangibilidade nem sempre indiscutível. Há o perigo de muitas confusões nestas matérias.

3.5. Judicialismo e Normativismo

Uma outra dicotomia com muita relevância é a que divide Judicialismo de Normativismo. A dicotomia entre Judicialismo e Normativismo diz respeito a uma preferência radical ou essencial por tópicos, fontes e complexos orgânico-decisórios na ordem jurídica. O Judicialista prefere ou valoriza mais a dialéctica dos tribunais, os tópicos, as sentenças como sínteses das teses e antíteses forenses, e os tribunais, e até os juízes. Já o Normativista põe as suas complacências nas normas, nas leis, nos governos e/ou nos parlamentos, e considera o diploma legal, ou simples texto normativo escrito como a mais pura consubstanciação do Direito. Um dos grandes autores (geograficamente mais próximos) do pensamento Judicialista é António-Carlos Pereira Menaut.

Não se considere, porém, que os judicialistas sejam menos parlamentaristas (ou menos governamentalistas) que os demais. Apenas a sua fé na lei está equilibrada pela confiança no poder judicial.

3.6. Síntese e Sentido das Oposições

Enquanto a dicotomia entre Judicialismo e Normativismo é, como acabamos de dizer, uma divisão sobre a importância relativa dos tópicos que as fontes constituem, afinal, já o pensamento jurídico tópico e canónico (que acabam por mutuamente se harmonizar), por um lado, e o pensamento sistemático ou dogmático, por outro, referem-se sobretudo a formas de criação teórica do Direito e à *episteme* jurídica. O pensamento tópico em consonância com os cânones são uma forma artística de conceber o Direito. O pensamento dialéctico pretende ser uma forma "científica" de o fazer.

Sistematizando ainda, dir-se-á que a oposição entre Jusnaturalismo e Juspositivismo, como entre Pluralismo e Monismo jurídicos diz respeito ao ser, à ontologia do Direito. Trata-se de saber da essência do Direito. As dicotomias sobre Judicialismo e Normativismo detecta-se sobretudo na prática do Direito, e a oposição entre pensamento tópico-problemático e pensamento sistemático-dogmático é essencialmente metodológica: o que quer dizer que depois desaguará também nas águas da prática.

TÍTULO IV

SABERES E VIVÊNCIAS

> «*Justice à rendre plus savante (...) Justice toujours à parfaire contre ses propres duretés*»
>
> Emmanuel Levinas – *L'autre, utopie et justice*, « Autrement », n.º 102, p. 53 ss.

> «*Les sciences mangeuses dévorantes; elles ont fait de constantes entreprises, depuis trois siècles, pour étouffer de droit. Réduction du droit à l'utile de la société, réduction du droit à l'histoire, réduction à la politique, à l'économie. Honte pour le droit s'il capitule.*»
>
> Michel Villey – *Réflexions sur la philosophie et le droit*, p. 23

CAPÍTULO 1
O Direito e os Saberes, o Saber do Direito

1.1. **Direito, Ciência e Ciências**

O Direito não se limita às suas ciências materiais ou ramos, objecto da Epistemologia Jurídica especial ou interna, como veremos no capítulo seguinte: esta é uma ideia elementar, mas imprescindível, de que não se dá conta muitas vezes e mais ainda se não extraem as devidas consequências. Há um conjunto vasto de ciências afins e auxiliares, e é vital o domínio da cultura geral (não a generalizada, que é frequentemente incultura, mas aquela que abarca a generalidade das coisas) Sem o convívio natural com as fontes para-jurídicas e extra-jurídicas da cultura, o jurista não passará de um armazém ambulante de artigos e arestos decorados, um monstro estúpido e perigoso, totalmente incapaz de atingir o justo, porque incapaz de compreender o Humano.

Assim, estudos como a Ciência Política, a Economia Política, a Filosofia Política, a Filosofia Social, a Criminologia, a Sociologia Política, além das ciências sociais clássicas em geral, das Humanidades, e de instrumentos estatísticos, informáticos, e contabilísticos, linguísticos e muitos outros serão importantíssimos para o futuro jurista, embora, evidentemente, nem todos tenham a mesma utilidade para este ou para aquele ramo de actividade em que o jurista se especialize. Pode haver excelentes juristas que não saibam estatística ou contabilidade, mas cada vez mais temos dúvidas que seja possível a um jurista que saia do seu torrão natal (ou até nele) ignorar a língua inglesa. Seria bom que conhecesse outras, até porque a língua transporta pré-compreensões e mundividências, e é sempre muito útil arejar a mente e alargar as vistas.

O problema da importância das disciplinas menos imediatamente práticas é que não se detecta tão evidentemente a sua importância e a sua falta. Todavia, a sua ausência ou deficiência podem ser clamorosas... e, em contrapartida, o seu conhecimento constituir uma vantagem competitiva apreciável. Há uma novela de Agatha Christie onde a assassina se revela pelo desconhecimento da Mitologia clássica... Esse pormenor motivaria ao grande historiador da Arte E. H. Gombrich uma excelente conferência sobre o valor dos estudos humanísticos. E com toda a razão.

Numa zona mais próxima ainda do Direito, encontram-se um conjunto de saberes que, não constituindo propriamente e sentido estrito *ramos do Direito*, são os mais primariamente vitais para a compreensão do jurídico. Antes de mais, as Ciências Jurídicas Humanísticas: a Filosofia do Direito, a História do Direito, a Antropologia do Direito, a Geografia Jurídica (ou Direito Comparado). Sem o seu conhecimento, o direito positivo não só estiola, como se torna brutal e até sem sentido. Não se esqueça, entretanto, que em Espanha, por vezes e por exemplo, a Filosofia do Direito se encontra, com muita propriedade, enquadrada no departamento de *Direito Público especial*, o que não é mais do que o espelhar de uma afinidade significativa.

E é frequente na Alemanha haver Catedráticos de Direito Constitucional e Filosofia do Direito ou de Direito Penal e Filosofia do Direito – o que é outra forma de explicar as naturais afinidades. Só há vantagem em que a Filosofia de Direito seja leccionada e cultivada por quem, além de doutoramento nesta área, seja especialista e cultor (e doutor) noutra, *afim*.

A presença actual, nos territórios do Direito, de estudos tão diversificados como os da lógica e da informática jurídicas, das análises literária e económica do direito, das relações entre arte, estética e Direito, sem falar sequer da grande preocupação da juridicidade pelas ciências da vida, e a criação da bioética e do biodireito. – tudo isto demonstra que o velho lema de Terêncio e de Protágoras (*Homo sum. Humani nihil alienum...*) é ainda levado a sério por muitos juristas, apesar da barbarização da confinação das especialidades e da deseducação obrigatória a que, tal como todos, são submetidos. Por esta preocupação se aquilata também que uma pretensa "racionalidade jurídica" não mais pode ser encarada como a pura e simples mentalidade do *homo burocraticus*, o funcionário da coacção, público ou privado.

A necessidade de "inter-trans-multi-disciplinaridade" é evidente. E é necessário estar-se advertido para a complexidade do próprio ser do Direito: pois há direito natural e direito positivo, direito positivo vigente e já não vigente, mas histórico, há normatividade jurídica que é norma, facto, valor, ou texto, há normativismo e judicialismo, há pensamento jurídico sistemático e pensamento jurídico tópico, há ramos do direito e há fontes do direito e estas últimas podem funcionar como tópicos jurídicos (mas muito mais entidades como tais actuam), etc., etc.

Quando alguém, aprendiz de jurista ou não jurista, começa a interessar-se pelo Direito e pelas suas soluções e processo de raciocínio e decisão, convém que saiba que há uma importante arma (quase se poderia dizer "uma arma secreta") de extrema utilidade para o seu objectivo. Ela pode formular-se como uma máxima – *conhece o texto, mas sente o contexto*. É, com efeito, necessário o aprofundado estudo dos textos normativos, mas é igualmente vital a familiaridade com a realidade natural, social, cultural, institucional e normativa em que a norma jurídica escrita se insere. Por isso, todos os elementos referidos *supra*, que já são jurídicos, mas nem sempre apenas consubstanciados numa lei, se revestem de enormíssima importância. Se *um jurista que só sabe Direito nem sequer Direito sabe*, um jurista que só conheça a lei nem mesmo a lei conhece – para adaptar *pro domo* uma célebre frase que o médico, humanista e polígrafo Abel Salazar usou para os médicos.

Só com um conhecimento e uma curiosidade permanentes sobre tudo o que é humano poderá o jurista desempenhar bem a sua função. Só assim poderá compreender bem as contradições entre o justo e o jurídico, e a *décalage* entre o direito nos livros (*law in books*) e o direito real (*law in action*).

1.2. O Direito como Ciência Normativa

Importa também averiguar que tipo de saber é o Direito. Várias soluções têm sido propostas. Muitas delas por arrastamento ou sob inspiração de soluções de arranjo ou agrupamento de matérias nas Universidades.

Em certos círculos, de maior isolamento epistemológico, que correspondem também a Faculdades de Direito autónomas e à grande preponderância social, política e universitária dos juristas, tende-se a afirmar que o Direito é uma ciência normativa, ou nomotética, afastando-a dos demais saberes. Não se pode esquecer que alguma metodologia e dogmática jurídica influenciou desde teólogos a geómetras. Mas neste caso o Direito corre o risco de perder o necessário contacto inter-multi-transdisciplinar, e de, encerrado no seu casulo, se limitar à sua filosofia espontânea: o positivismo da *dura lex, sed lex*.

1.3. O Direito como Ciência Social

Correspondendo à subida social, política e universitária das ciências sociais, o Direito é noutras perspectivas encarado como uma ciência social, eventualmente com especificidades normativas, mas perfeitamente integrável numa Faculdade ou Universidade de Ciências Sociais, ou de Direito, Economia e Ciências Sociais, ou com outros agrupamentos do género. Aqui o Direito arrisca-se a perder a sua especificidade, embora ganhe em diálogos. Cremos que depende das circunstâncias concretas a adequação destas relações mais ou menos institucionais.

1.4. O Direito como *Episteme* Artística

Finalmente, numa posição social e política que já verificou a falência da liderança política tanto da ideologização como da tecnocracia, e portanto da compreensão da necessidade de especialistas em ideias gerais, ou filósofos práticos, como devem ser os autênticos juristas, num ambiente universitário que recupera a autêntica autonomia de Direito, abrindo-o porém, e mais ainda, quer a ciências sociais, como a outros sectores do saber (Literatura, Arte, Ciências exactas), começa a ponderar-se se o Direito não é *sobretudo* uma Arte. Tem, evidentemente, uma componente científica, e, como aliás todas as artes, desdobra-se e aplica-se por técnicas. Mas o verdadeiro jurista tem uma função criadora, além de que o Bem, o Belo e o Justo parecem andar mais de mãos dadas do que parecia. Donde a crescente importância da Filosofia, da Ética, da Arte e da Estética para a formação do jurista.

O Direito parece ser, pois, a arte (que, desde o Renascimento de forma explícita, é também uma forma de pesquisa científica do real, e implica o apuramento altíssimo de técnicas) de atribuir a cada um o que é seu. E a Justiça é a constante e perpétua vontade de o ir conseguindo.

1.5. Diálogos jurídico-académicos

Por isso, do mesmo modo que não repugna existirem Faculdades de *Direito, Economia e Ciências Sociais*, também não repugna que o Direito se ligue à Criminologia, e, por extensão à Psicologia. Mas é possível ainda a sua combinação com as *Letras* e as *Artes*.

Pode tanto haver uma Faculdade de *Direito e Ciências Sociais* como uma Faculdade de *Direito e Humanidades*, como até de *Direito, Letras e Artes*.

Pessoalmente, já leccionamos, no estrangeiro, até numa unidade universitária que juntava *Direito e Medicina*.

Evidentemente, em qualquer das hibridações há que ter presente que se ganha e o que se perde, e o que especialmente se potencia. Pessoalmente, preferimos os estudos de *Law & Art* e *Law & Literature* aos de *Law & Economics*. Mas certamente uma associação como esta última será financeiramente mais rentável.

CAPÍTULO 2
Epistemologias

2.1. Epistemologia Jurídica Interna ou Especial

A Epistemologia jurídica é a disciplina que estuda o carácter e a dimensão "científica" ou disciplinar do Direito. Inspirando-nos em Miguel Reale, dividimos a Epistemologia do Direito em geral e especial, ou interna e externa.

A Epistemologia especial ou interna do Direito compreenderá (numa hipótese de divisão) o estudo do sentido e das relações e subdivisões, objectos, métodos, etc., das Ciências Jurídicas Humanísticas e as Ciências Jurídicas Materiais ou Ramos do Direito.

As Ciências Jurídicas Humanísticas serão fundamentalmente: a Filosofia do Direito, a História do Direito, a Sociologia do Direito e a Geografia do Direito (ou Comparação de Direitos, ou Sistemas Jurídicos Comparados, ou Direito Comparado), a Antropologia Jurídica, a Arqueologia Jurídica, etc.

As Ciências Jurídicas Materiais ou Ramos do Direito dividir-se-ão em Direito Público (ciências jurídicas públicas por sua vez normalmente subdivididas em ciências jurídico-políticas e ciências jurídico-penais) e Direito Privado (ciências jurídicas privatísticas). Havendo ainda ciências híbridas, e disciplinas como que de ligação entre o Humanístico e o Material, como a Metodologia do Direito (englobando a Hermenêutica Jurídica, a Retórica Jurídica – em que prevalece, pela sua especificidade, a Tópica Jurídica –, e a Nomologia, divisível em Legística e Sinalagmatologia, respectivamente arte de fazer leis e arte de redigir contratos). Num plano semelhante ao da Metodologia, embora por vezes mais filosófica, está a Teoria (geral) do Direito.

2.2. Epistemologia Jurídica Externa ou Geral

A Epistemologia externa do Direito compreende as relações entre Direito e outras realidades e desafios, em que se incluem também outras *epistemai*. Teremos aí, então, as relações entre o Direito e outras ordens sociais normativas, como, desde logo, a Moral (e a Ética), a Religião, a Etiqueta (ou normas de trato social), a relação entre Direito e Filosofia, Direito e Arte (e a Estética), Direito e Semiótica (e Semiótica Jurídica), e junto de estas últimas também uma Iconografia e Iconologia Jurídicas, Direito e Literatura (que hoje se autonomiza largamente com os estudos *Law and Literature*: quer *Law in Literature*, quer sobretudo com as mais discutíveis e por vezes muito ideologizadas propostas de *Law as Literature* – desde o apesar de tudo mais moderado *Critical Legal Studies* aos grupos mais extemistas do *Legal Storytelling*), Direito e Sociedade (*Law and Society*: também uma área que ganhou foros de cidade e estilo e problemas próprios, numa clave sobretudo pós--moderna), Direito e Política, etc. E, mais recentemente, avultando a proposta de *Direito com Literatura*! Há também que cotejar o Direito com as Instituições, desde logo com o Estado. Por outro lado, a relação do Direito com virtudes e valores maiores é também um terreno muito interessante: Direito e Prudência, Direito e Justiça, sobretudo, para as virtudes cardeais (fala-se menos em Direito e Fortaleza ou Direito e Temperança, porque virtudes mais pessoais e menos sociais). No capítulo das virtudes teologais, a mais corrente (ainda que muito menos frequente que as demais) é a relação entre Direito e Caridade ou Piedade, ou Amor. As relações do Direito com a fé e a esperança serão quiçá objecto de estudo no domínio mais propriamente religioso. Também se versa da relação do Direito com sub-valores, ou valores menores, como Direito e Segurança ou Direito e Ordem, que, bem vistas as coisas, se devem subordinar ao valor maior Liberdade, e, mais mediatamente, ao principal valor jurídico, a Justiça.

A axiologia Jurídica tem ainda um vasto campo de aplicação através da chamada *ética republicana*, que está entre a Filosofia

Jurídica (prática) e a própria Teoria da Constituição (cf., por todos, o nosso *Filosofia Jurídica Prática*, Lisboa, Quid Juris, 2009).

2.3. Crítica e Defesa das Humanidades e da Interdisciplinaridade em Direito

Em qualquer das subdivisões, limitámo-nos a apresentar o elenco de disciplinas ou áreas de estudos que realmente existem, sem curar da sua aceitação ou valoração de umas por observadores externos, não raro cultores de outras, suas "adversárias" ou "concorrentes". Por exemplo, o tecnicismo e a tecnocracia crescentes nos estudos jurídicos (mas com focos de resistência denodados, de qualquer forma), têm levado à crítica das disciplinas jurídicas humanísticas, e designadamente da História, da Antropologia, da Sociologia, da Geografia e da Filosofia do Direito. Mas quaisquer críticas não impedem que todas estas matérias e disciplinas existam, e encontrem hoje, apesar das críticas, um extraordinário desenvolvimento, quer qualitativo quer quantitativo. A título exemplar, assim diagnostica a rejeição da Filosofia do Direito Bjarne Melkevic no seu *Pourquoi étudier la philosophie du droit?*, p. 16:

«*Nous pouvons distinguer deux raisons à un tel rejet, l'une rejetant la philosophie du droit comme 'Raison Ordonnatrice' nuisible, l'autre la rejetant comme carrément inutile à l'égard des exigences du droit contemporain, en raison des ressources 'scientifiques' plus pertinentes aujourd'hui disponibles*».

Nem um nem outro dos argumentos procedem – como esperamos resulte do próprio estudo do presente livro.

2.4. Crise e Oportunidade na Humanidades Jurídicas

É evidente que com o crescimento do "analfabetismo letrado", com o aumento das pressões materialistas e imediatistas, o destino da Filosofia do Direito e de outras áreas jushumanísticas não é fácil.

Mas é também motivo para mais se apurarem as vocações. É impensável que alguém que vise a vaidade, o poder, o luxo, a riqueza demande estes estudos. Portanto, em certo sentido, as dificuldades por que passam as áreas não tecnocráticas podem aguçar o engenho. E espera-se que os melhores não se deixem tentar pelas recompensas fátuas, seguindo o caminho dos prémios mais profundos: os do espírito.

CAPÍTULO 3
Filosofia do Direito

3.1. Noção Geral

A Filosofia do Direito é a disciplina que reflecte mais profundamente sobre o Direito e a Justiça, tanto arrancando de uma realidade concreta e dada, como a partir de um puro e abstracto *dever-ser*. Nenhum sector do Direito lhe é, pois, alheio, porque, do processo à prisão, da teoria à deontologia – tudo é matéria de sua avaliação e análise.

Assim, a Filosofia do Direito não é apenas (nem essencialmente) matéria de filósofos puros sem um conhecimento concreto e vivencial mínimo da *ars iuris*. Também neste grupo o desconhecimento da teoria e da prática do Direito e os preconceitos a seu propósito são muito nocivos à compreensão cabal. Embora, evidentemente, quer filósofos quer especialistas de muitas outras realidades culturais (por exemplo, da Literatura *tout court*) possam dar à Filosofia do Direito interessantes achegas. Muitas vezes o que os juristas necessitam é precisamente de um olhar crítico, englobante, descomprometido e lateral sobre a função em que se encontram imersos – e tal imersão lhes não permite o distanciamento panorâmico que permita ver.

Revela-se imprescindível saber de muitas coisas para se fazer Filosofia do Direito. Sem Filosofia e sem Direito não pode haver Filosofia do Direito. Muitos candidatos a juristas, e mesmo alguns licenciados cuidam que esta disciplina é fútil, vaga, especulativa. Mas isso é ter uma visão muito curta dos problemas. Na verdade, tal atitude corresponde já a uma certa filosofia do direito. Esquece-se que o direito positivo muda, e se muda é em grande parte pela decisão dos políticos, sob o impacto de ideologias que são sempre mais ou menos filosofias políticas para consumo popular, vulgarizadas. Por outro lado, quando os estadistas influem nas reformas, normalmente documentam-se e inspiram-se na doutrina jurídica, a qual, quando não faz ela própria Filosofia, vai beber filosofia a obras de filósofos propriamente ditos. Os estadistas estudam Filosofia do Direito para reformarem o Direito. Os meros políticos, cuidando que podem prescindir dela, são seguidores de ideologias, ou, pior ainda, meros navegadores de cabotagem, sem uma linha directora.

Nunca é de mais repetir que a constituição do direito como ciência e a sua refundação medieval se devem a dois grandes filósofos (e não a juristas, antolhados com os casos do dia-a-dia): Aristóteles e Tomás de Aquino. E o positivismo jurídico não teria existido sem o filósofo positivista Augusto Comte, ou já antes sem o filósofo nominalista Guilherme de Ockham...

A Filosofia do Direito, como disciplina que pensa criticamente todo o Direito, a sua razão de ser, o seu fundamento, os seus fins, os seus meios, pondera o valor de cada direito em concreto; será a disciplina essencial, primeira e última, para todo o jurista que se não contente com a posição medíocre e escrava de cumprir ordens sem pensar.

Pensar o Direito é o fim da Filosofia jurídica. Antes de agir é sempre preciso pensar, e se se é prudente, e os juristas são *jurisprudentes* – deve-se pensar sempre duas vezes.

3.2. O Direito depende da Filosofia

As concretas soluções jurídicas dependem sempre de opções filosóficas fundamentais.

Por exemplo, quando punimos alguém por um homicídio temos de, pelo menos subconscientemente e em parte, aderir ao princípio filosófico de que o Homem tem uma dose razoável de liberdade que lhe permita praticar ou não praticar um crime. Caso contrário, não poderíamos punir ninguém, ninguém seria responsável pelos seus actos. E nem a pena valeria de nada para um possível arrependimento do agente, nem meteria medo a ninguém, porque quem estivesse predestinado ao crime está-lo-ia sempre e de forma invencível.

Por outro lado, a ideia de simples *defesa social* não bastaria, sobretudo porque não nos permitiria fundar a medida da pena na medida da culpa – esta já determinada pelo grau de liberdade e de voluntariedade do acto. Se as penas servissem apenas para defender os pacatos cidadãos dos infractores, sem considerações prévias de justiça retributiva e livre-arbítrio, no limite, poderia advogar-se a pura e simples eliminação dos desviantes – como se conta que sucedia no Japão antigo, aí com a justificação de que todo o crime seria uma pessoal ofensa à divina pessoa do Imperador, e, assim, só poderia ser punido com a morte. Certamente o medo infundido aos potenciais infractores seria muito grande e nalguma medida dissuasor. A prevenção especial, essa, seria total, com a eliminação da possibilidade de qualquer reincidência.

Aí temos, afinal, uma outra filosofia. Uma filosofia totalitária, contrária à liberdade e à responsabilidade do Homem. Como se viu, dela se tiram consequências jurídicas de tomo.

Mas há outros exemplos possíveis para ilustrar a dependência jurídica da filosofia. Muita dessa dependência não é directa, mas por intermédio de ideologias. Por exemplo, se a teoria geral da relação jurídica e do direito subjectivo depende da filosofia nominalista, provavelmente sem intermediários, o direito soviético dependeu da filosofia materialista histórica e dialéctica de Karl Marx e muito em especial dos seus seguidores, com a mediação da ideologia marxista-leninista, e, por exemplo, o nosso código de Seabra foi travejado numa certa forma de encarar o mundo que decorre da filosofia e da ideologia liberais de então.

Sempre, sempre, filosofias por detrás e por debaixo das opções jurídicas.

3.3. Problemas de Delimitação do Objecto

Há autores que, levados por aquele complexo dos "cortadores de cominhos" (a que Bacon chamou *cymini sectores*), munidos de uma versão muito própria da navalha de Ockham, apartam do seu terreno de reflexão tantas matérias adjacentes, que acabam por ficar, ao cabo e ao resto, com "uma mão cheia de nada, e outra de coisa nenhuma". Tal também ocorre com a Filosofia do Direito.

Começam por delimitá-la temporalmente. E como só a vêm com nome da cátedra e estampada em página de rosto de tratado ou manual em tempos modernos, iluministas e sobretudo românticos, concluem que antes não existiria.

Depois, como são modernos, praticamente a identificam com reflexões ou teses contemporâneas, e normalmente pouco consensuais e mais vanguardistas, autores de escaparate e discussão de intelectuais "in".

Finalmente, escolhem de entre as temáticas em voga as que mais os tocam (normalmente as mais politizadas ou ideologizadas). E vai daí a Justiça *tout court* é confundida com o problema das questões de "civilização" (de árdua discussão filosófica, hoje, porque muito eivadas de emotividade), e a dimensão metodológica reduz a ontologia à epistemologia (como denunciou, e bem, Virginia Black).

O que corre por aí, mesmo por universidades e centros prestigiados, como sendo Filosofia do Direito nem sempre o é. Peca por defeito, como vimos, na medida em que a reflexão filosófica sobre o Direito é tão antiga como o próprio Direito, e dela temos antiquíssimos testemunhos. Por excesso, ou por erro do alvo peca ainda, na medida em que a Filosofia do Direito não é nem política jurídica, nem plano de reforma legal, nem laboratório jurídico, nem ideologia ou ideologia encapuçada. Mas para tudo isto pode ela contribuir, e de todas estas dimensões, se convenientemente filtradas, pode aproveitar.

Há também um erro frequente que é confundir a Filosofia do Direito com a História do Pensamento Jurídico, com a História da Metodologia Jurídica, com uma reflexão ou um inventário cultural em torno do Direito, com a Teoria Geral do Direito, ou com a Sociologia Jurídica, com a Política do Direito, etc., etc.

São todas matérias apaixonantes e úteis.

Mas, é claro, umas mais urgentes que outras para a formação dos juristas.

3.4. Estilos de Filosofia do Direito

Também no plano do estilo, a Filosofia do Direito está longe de se resumir aos tratados, às lições, teses, e a outros géneros ditos "dignos", clássicos, aceites.

Embora a ruptura de cânones essencial da pós-modernidade, entre nós anunciada por Fernando dos Santos Neves, tenha de algum modo dinamitado as pétreas "certezas" e "conveniências" neste capítulo. Hoje pode haver pluralidade e não convencionalismo de fontes e tópicos na "doutrina"...

Na Filosofia do Direito, como em qualquer disciplina, têm de se fazer algumas divisões para melhor nos entendermos.

Tais divisões podem versar sobre o estilo, a temática, etc..

Quanto ao estilo, é útil distinguir:

Por um lado, há uma *filosofia do direito dos juristas* e por outro uma *filosofia do direito dos filósofos*, que nem sempre versam sobre a mesma realidade, exprimindo preocupações diversas e, desde logo, espelhando uma *forma mentis* diversa. Embora seja impossível ser-se um bom filósofo do Direito sem um conhecimento de ambas as matérias: teórico e prático.

Outra dicotomia é a que distingue a *filosofia jurídica explícita* (que o deseja ser Filosofia Jurídica e como tal se afirma) da que tem, pelo menos aparentemente, função ancilar num contexto designadamente literário, e daí o facto de assumir forma literária: *a filosofia do direito implícita*.

Finalmente, há uma filosofia jurídica *dos professores*, e especificamente dos professores de Direito, e uma filosofia jurídica dos que não são professores: juristas, filósofos, literatos, etc. Uma coisa é filosofar na Universidade, outra coisa é filosofar fora dela. Em Portugal há grandes nomes da Filosofia do Direito dos Professores de Direito, mas também autores que, não o sendo, elaboraram reflexões muito pertinentes sobre a juridicidade. E muito originais.

Em Portugal, por outro lado, há a tradição académica de um certo irenismo ou ecletismo. Tal prejudica as obras de tese. Os professores ou opinam excessivamente com "profecias professorais", ou, no pólo oposto, quase se limitam a expor o que outros disseram. Por isso, as obras de verdadeira *tese* podem mais facilmente ser feitas fora do claustro académico. O que é paradoxal.

3.5. Objecto da Filosofia do Direito

A questão do objecto da Filosofia do Direito de algum modo se cruza com o das suas disciplinas ou áreas constituintes. A disciplina tem sido dispersa, englobando muito tipo de questões – como num enorme gavetão das matérias que, sendo importantes para a compreensão do Direito em geral, ainda se não automizaram, como foi o caso das demais Ciências Jurídicas Humanísticas.

Assim, começaríamos por dividir o objecto e as áreas de estudo em:

a) *Filosofias do Direito epistémicas*

Neste domínio, por divisão sobretudo epistémica, há que distinguir:

- Filosofias do Direito regionais ou relativas a áreas ou ramos do Direito:

    Filosofia Penal, Filosofia (ou Teoria) Constitucional, etc.
- Filosofias do Direito relativas às diferentes áreas da Filosofia:

    Teodiceia jurídica, Metafísica jurídica (ambas muito fora de moda), Ontologia do Direito, Gnoseologia Jurídica, Lógica Jurídica, Epistemologia Jurídica (mais cultivada nos nossos dias), Axiologia Jurídica (englobando a Ética e a Estética jurídicas). Etc.

Esta Axiologia Jurídica (com a *Paideia Jurídica*, educativa, e a *Filosofia Juspolítica*, em princípio) constitui a *Filosofia Jurídica Prática*.

b) *Filosofias do Direito temáticas*
Estão estas Filosofias do Direito centradas em grandes temas e problemas da disciplina. Em boa verdade não deveriam ser consideradas verdadeiras "filosofias do direito", mas acabam por convocar os seus cultores de forma tão ingente e exclusiva, que acabam, cada uma, por para pelo menos alguns, constituir 99% da sua concepção da matéria. São, no fundo, grandes temas da Filosofia do Direito, e nem sempre disciplinas autónomas. Alguns exemplos apenas:
Direito Natural, natureza humana, direitos humanos
Correntes: Jusnaturalismo, Juspositivismo, Normativismo e Judicialismo, etc..
Direito e outras ordens sociais normativas, designadamente religião e moral, normatividade do trato social, etc..
Direito e Ciência
Problemas da legitimidade, legitimação, poder, etc., nomeadamente através de paradigmas de consenso, comunicação, procedimento, etc. – aproximando-se da Filosofia Política.
Fundamentação das instituições e do Direito
Ser e dever-ser e falácia naturalística
História da Filosofia do Direito e do Pensamento Jurídico

Não se podem ainda olvidar os estudos de Direito e Literatura, Direito e Arte, Direito e Economia (análise económica de Direito), etc..

3.6. Escopo da Filosofia do Direito e Solidariedade Epistémica

A função e objectivo ou fim (*telos*) essencial da Filosofia do Direito é mesmo a de pensar o Direito. E pensá-lo para, ponderadamente, o poder melhorar, tornando mais eficiente, seguro, etc. – mas sobretudo mais Justo.

Deste brevíssimo elenco de problemas, estilos e matérias da Filosofia do Direito se depreende que o saber da Filosofia do Direito é um saber sem dúvida mais compreensivo, mais problematizante, mais meandroso, mais matizado, mais cultural e mais especulativo que o geral conhecimento das disciplinas positivas, das ciências jurídicas materiais. Mas que a Filosofia do Direito é também, como dizíamos, um enorme gavetão em que ainda confluem matérias culturais gerais do Direito. Ora, no limite, o que acaba por suceder é que, à míngua da presença nos *curricula* académicos de todas as principais disciplinas jurídicas humanísticas, as que concretamente aí estão presentes procuram muitas vezes suprir a falta das restantes, não sendo por isso de estranhar que numa História do Direito possa falar-se de questões filosófico-jurídicas, e vice-versa. E que à falta de Direito Comparado ou Geografia Jurídica tal lacuna seja ainda que a custo suprida por outras disciplinas.

O saber da Filosofia do Direito não pode prescindir dos demais das restantes *epistemai* jurídicas humanísticas, e por isso é que é normalmente considerada a disciplina final, que deve coroar todo o edifício. Mas é também a legitimação ou a crítica de toda a construção, pelo que à sua presença no final dos planos de estudos se deveria juntar uma outra, propedêutica, inicial. Sem o que a vastidão dos estudos jurídicos não fará qualquer sentido. Os saberes concretos e técnicos só na Filosofia do Direito e suas irmãs disciplinas jurídicas humanísticas encontram sentido. Quando falta uma Introdução ao Direito filosófica, qualquer disciplina do 1.º ano (até Economia Política!) está legitimada para ministrar os fundamentos do Direito. É uma questão de "legítima defesa" epistemológica. E tal tem, efectivamente, ocorrido (embora, que saibamos, não em cadeira de introdução à Economia – pesem por exemplo, a cultura jusfilosófica de grandes economistas: tanto de um F. K. von Hayek como de um Gunnar Myrdal (*v.g.* no seu *The Political Element in the Development of Economic Theory*).

3.7. Filosofia Jurídica Portuguesa

Como dissemos já, não existe só uma Filosofia do Direito explícita e arquitectada por oficiais desse ofício. Por vezes até mais fecunda (embora raramente tão estruturada e tão abrangente) se revela a que é fruto de considerações de outros, não raro esparsas.

Em Portugal, a situação, neste aspecto, é interessante: os filósofos que, enquanto tais, se pronunciaram aqui e ali sobre temas jurídicos e jusfilosóficos, se só alguns eram juristas, quase todos, se não mesmo todos, revelaram grande sensibilidade às questões da coisa pública (onde se insere afinal o Direito), e manifestaram uma aguda intuição do fenómeno jurídico, deixando-nos muito mais que dispersas opiniões.

Em Portugal, autores como Silvestre Pinheiro Ferreira, Sampaio Bruno, Cunha Seixas, Leonardo Coimbra, Álvaro Ribeiro, Agostinho da Silva, Orlando Vitorino, Afonso Botelho, e outros, mostraram-nos uma outra versão da filosofia jurídica, a qual constitui como que a outra asa da disciplina – uma asa gémea, mas diversa, a jusfilosofia dos mestres universitários. A todos compreendem os profundos estudos sobre a Filosofia Jurídica portuguesa de António Braz Teixeira.

Provando que a filosofia (nem mesmo a filosofia jurídica) se não restringe na sua forma ou no seu estilo aos pesados in-fólios tratadísticos ou ao ensaísmo mais ou menos especulativo, surgem entre nós momentos de reflexão jusfilosófica em autores que, como Teixeira de Pascoais e Antero de Quental, conheceram justamente a glória pela sua lira poética. Além de que já a poesia luso-árabe do Al-Andalus revela uma patente preocupação jurídico-política, a qual se vê depois no *Cancioneiro Geral,* ou no dealbar da *Crónica de D. Pedro I,* de Fernão Lopes, e no *Leal Conselheiro,* de D. Duarte – para citar só alguns altos e clássicos exemplos.

Mas o que é sobretudo notável é havermo-nos tão persistentemente esquecido dessa lição da nossa originalidade jusfilo-sófico-política que está no início das *Causas da Decadência dos Povos Peninsulares,* de Antero, nalgumas páginas inspiradas da *Arte de ser Português,* de Pascoaes, n'*Os Factores Democráticos na*

Formação de Portugal, de Jaime Cortesão, ou na *História da Civilização Ibérica*, de Oliveira Martins. E se as cores enfáticas do estilo destes livros basilares denunciam por vezes o gosto e o mito romântico de uma idade do oiro medieval, a verdade é que o mito esconde, na aparente efabulação, verdades essenciais.

A grande constante na maioria dos escritores desta corrente parece ser a preocupação pela Justiça; a defesa, nem sempre explicitamente jusnaturalista (e aí, em geral, acabam por ser curiosamente muito actuais), de um pluralismo jurídico superador do positivismo jurídico; a busca da identidade jurídica nacional; a enfatização da importância da caridade, da misericórdia e do perdão em Direito; e até a proposta revolucionária da abolição, não só da pena de morte (que Portugal foi o primeiro a liquidar), mas de todas as prisões da alma e do corpo.

Longe de constituir uma utopia, trata-se da assunção de um compromisso de verdade e eticidade. Ora, como afirma Wagdi Sabet-Ghabriel,

"se há uma crise no mundo do direito, tal deve-se, não a que esse mundo seja idealista, mas, decerto, porque ele deixou de o ser."

Esta Filosofia Jurídica Portuguesa enquadra-se, aliás, numa geral Filosofia Portuguesa. Nomes como os de Fernando de Bulhões (Santo António), Pedro Hispano (o Papa João XXI), os irmãos Gouveias que tanto se prestigiaram na Universidade de Paris, ou Serafim de Freitas, contraditor de Hugo Grotius, levariam António Sardinha a sintetizar: "Não somos só soldados e navegadores. Somos também eruditos e sábios". Pedro Calafate coordenou, com a chancela da Caminho, uma monumental *História do Pensamento Filosófico Português*, em cinco volumes. Aí se pode bem aquilatar de como errados estavam os que consideravam não terem os Portugueses queda para a Filosofia.

Esta especificidade filosófico-jurídica portuguesa tudo tem a ganhar se cotejada com a própria originalidade do Direito e mesmo do Direito político em Portugal que tão expressivamente assim foi explicitada por Pascoaes:

"É certo que a nossa jurisprudência deriva das leis godas e romanas, e a dos últimos tempos não é mais que uma cópia inferioríssima das leis estrangeiras que desnaturaram por completo o corpo jurídico do Estado.

Mas há leis na nossa antiga legislação, como as primeiras leis proteccionistas do comércio marítimo (Cortes de Atouguia) e do desenvolvimento da agricultura, que nasceram directamente do instinto que teve Portugal, depois de se fixar como Pátria, de se defender e consolidar. Ele começou por criar a família rural, ligando-a à posse duradoura da terra. Assim, entre nós, o morgadio teve como origem uma lei (lei avoenga, da 1.ª Dinastia).

Temos ainda os forais e os princípios de direito político estabelecidos nas antigas cortes, revelando o espírito de independência e liberdade que animou sempre a alma popular. Intervinha no governo do País, na sucessão do trono, em todos os actos de interesse geral que o Rei praticasse: a guerra e a paz, lançamento de impostos, etc. E exercia ainda uma esperta vigilância sobre o procedimento dos homens de Estado, alguns dos quais foram acusados e condenados!

Em plena Idade Média, enquanto outros Povos gemiam sob o peso do poder absoluto, impúnhamos à nossa Monarquia a forma condicional: o Rei governará se for digno de governar, e governará de acordo com a nossa vontade, expressa em cortes gerais reunidas anualmente.

Temos ainda várias leis antigas emanadas do Costume, as quais receberam dele uma nuance original que também caracteriza o génio português" (Arte de ser Português, Lx., Assírio & Alvim, 1991, pp. 78-79).

Há realmente alguma coisa de diferente, como diferente foi o que os *Portugueses à solta* levaram para o Brasil. Uma ideia antiga de liberdade, que camadas de centralismo e inquisitorialismo de vário tipo ainda não conseguiram apagar. Por muito que perseverem.

E esse sonho ainda não morreu.

CAPÍTULO 4
O Direito face a outras vivências

4.1. Direito e Valores

Apesar de o Direito ser uma grande escola da vida, da imaginação e da organização do pensamento, apesar de, se bem entendido, na sua permanente luta pela Justiça, ser um ideal de vida exaltante, não é contudo, nem de perto nem de longe, o que mais importa no plano da vivência, nem no plano dos valores.

Há valores mais altos que o Direito. Para os crentes, desde logo os valores religiosos. E mesmo que se entenda que o Direito tem uma profunda dimensão ética (tendo porém que se adaptar a um mínimo denominador de eticidade, e portanto que se conformar com algumas condutas anti-éticas, mas juridicamente permitidas – *non omne quod licet honestum est*) o Direito é ainda menos valioso que a Ética. Sem dúvida ainda que as diversas morais se consideram superiores ao Direito. E que a muitos ainda hoje seja mais caro obedecer a uma norma moral que a uma regra jurídica. E se a sua moral for eticamente excelsa, têm razão. Embora se arrisquem a sanção, quiçá *injusta*...

O Direito é também em grande medida menos interpelante que experiências estéticas, místicas, e até que os diferentes níveis da amizade ou do amor, que os gregos exprimiram nos vocábulos *philia*, *eros* e *agapé* – qualquer deles, na verdade, intraduzível. Jaspers lembra que o amor não reconhece superior. E Camus exprimiu essa inferioridade do Direito face aos sentimentos afirmando: "Defenderei a minha Mãe antes da Justiça". Estivesse a Justiça contra o seu irmão, teria Antígona transgredido os ditames de Creonte? Talvez tivesse... Mas isso nunca saberemos.

4.2. Direito e Arte

Os valores estéticos, sendo embora de outra ordem que os valores jurídicos, podem considerar-se superiores na ordem do ser ou da emoção. Só um rematado imbecil se extasiaria num transporte de alma com o mais bem elaborado código, enquanto poucos não experimentarão a comunhão e a elevação inefáveis quando contemplam um nocturno de Chopin, uma estátua de Miguel Ângelo ou um soneto de Camões.

Evidentemente que tal não implica a irresponsabilidade jurídica da arte, e muito menos dos artista. Nas últimas décadas, alguns autores do *bluff,* que confundem *épater le bourgeois* com arte, vão de degradação em degradação, de iconoclastia em inoclastia, para chocarem os incautos e, no limite, se guindarem à fama e à fortuna. O problema quase deixou de ser o da moralidade pública, porque o público está a habituar-se a todos os dislates. A grande questão é que agridem as convicções, as crenças, os sentimentos de grupos mais ou menos vastos da sociedade, e o fazem muitas vezes à custa de subsídios estatais. Os impostos do cidadão comum servem para financiar a embirração ou o ódio de uns grupos contra outros. E isso não parece ser boa gestão da república comum. Aliás, cada vez mais são os que pensam, em muitos países, que o Estado só deveria financiar ou subsidiar a cultura clássica, dos cânones já provados. Toda a vanguarda artística, literária, musical, tem o ónus de provar que vale. E portanto de se pagar até que mereça ser protegida enquanto referência comum, património geral. Aqui sim se poderá dizer que há outras prioridades.

Se o Direito não deve imiscuir-se na criação artística, controlando-lhe os conteúdos, e designadamente a sua moralidade (como já fez outrora, aliás, cobrindo-se de ridículo), tem ainda a ingrata e complicada tarefa de amortecer os conflitos entre os criadores iconoclastas, que têm o seu direito a exprimir-se, e a ordem pública e os sentimentos e crenças enraizados, que têm, por seu turno, direito ao respeito. Acresce ainda que devem ser protegidas as crianças e adolescentes de manifestações chocantes, que possam perturbar a sua formação. Mas, por outro lado, não se pode totalmente vedar o acesso a produtos culturais que possam abrir horizontes, e mostrar até o outro lado da verdade, ou do erro. A linha de barreira pode parecer sempre ténue aos mais confundidos, mas o bom senso e a prudência poderiam encontrar uma posição de moderação. Infelizmente, nos tempos que passam se assiste a um recuo cultural e civilizacional, que se exprime no fanatismo hipersusceptível de grupos indignados e no não menor extremismo de autores que parecem apenas apostados em provocar os primeiros. Confessa-se que, perante o extremar de posições, não é nada fácil ao Direito arbitrar. E contudo tem que fazê-lo. Com ponderação subtil dos valores em presença.

4.3. Direito e Normatividades

A nossa breve reflexão sobre os agudos problemas que o Direito experimenta para simultaneamente proteger a liberdade artística e os valores morais, religiosos, e afins, numa sociedade, quando entram em conflito, leva-nos directamente ao problema das relações entre Direito e normatividades.

Classicamente, como sabemos, o Direito não se encontrava sozinho no domínio do dever-ser e do dever-fazer-se. A par da laicidade e *Isolierung* do Direito, a sociedade podia contar com freios e limites impostos por outras ordens sociais normativas. Os conflitos correntes não iam imediatamente aos tribunais, longe disso. Em algumas sociedades mais tradicionais, até, como a velha sociedade chinesa, considerava-se que as pessoas de bem eram suficientemente civilizadas para resolverem as suas questões sem recorrerem aos tribunais. Ainda o clássico dramaturgo francês Racine, na sua peça *Les Plaideurs*, ironiza com os quereladores, os que buscam os litígios e parecem não poder sobreviver sem ter alguma causa pendente.

Antes da sala de operações (ou do teatro das operações) do tribunal, havia limites e instâncias. As próprias normas de trato social, ditas também de cortesia, os temores reverenciais, algumas inibições, tabus, muitos mecanismos silenciosos das sociedades funcionavam como formas de prevenção e composição dos conflitos.

Hoje, por qualquer questão de *lana caprina* se procura a confrontação, e a expressão *"see you in court"*, que os filmes norte-americanos popularizaram, é cada vez mais pronunciada noutros idiomas. À falta de mecanismos sociais orgânicos, naturais, de composição dos conflitos, as pessoas cada vez mais se enquistam nas suas posições, enchem-se de razões e o último reduto da crença no sentido do mundo acaba ainda por residir nos tribunais. O descrédito destes seria forçar o limite da segurança e a inauguração oficial da anomia social. Por isso a *Prudentia* tem de reinar nos tribunais, e cada magistrado tem de pesar as mensagens sociais que a suas decisões emitem: de ordem, de paz, de justiça – ou dos seus contrários.

4.4. A Revolução da Subjectividade

Não se pode negar, porém, que houve aspectos positivos no desenlear das peias antigas. De algumas, pelo menos. O Homem moderno teme menos, deveria estar menos feudalizado (por lástima, novos suseramos têm surgido) e a possibilidade de se identificar com uma moral sua, escolhida pela sua própria cabeça, vai de par com a evolução, verdadeiramente revolucionária, que foi ter passado a unir-se por amor e não por conveniência.

Mas tal como o *marriage d'amour* também a moral subjectiva coloca muitos problemas para os quais os indivíduos nem sempre se encontram preparados, para mais numa sociedade que pouco ensina da *vida social*. Mas obviamente que a paz do escravo e a tranquilidade do servo são podres.

4.5. Direito, Consciência e Religião

Nem sempre as pessoas estiveram entregues aos ventos dos seus caprichos, à álea da sorte política sem moderação, ao investimento excessivo no Direito das últimas esperanças sociais. Havia noutros tempos, antes de mais, mesmo para os reis mais absolutos, o absoluto limite da sua consciência, formada por uma religião e uma moral hiper-normativas. Esse polícia permanente, que povoava de interditos as mentalidades, sem dúvida peava a acção em muitos aspectos, e frequentemente semeava obscurantismo, mas, por outro lado, refreava impulsos irrealistas e limitava desejos vãos, sendo uma barreira eficassíssima de prevenção contra a infracção e o crime. O medo das penas eternas funcionava como um dissuasor muitíssimo útil, independentemente de qualquer consideração teológica. E, ainda não há tanto tempo assim, autores como o músico Verdi, o poeta Goethe e o filósofo Voltaire, cujas convicções religiosas pouco mais seriam que vagamente teístas ou agnósticas, eram unânimes em considerar que as almas mais débeis, mais humildes, menos poéticas, precisavam absolutamente de uma crença religiosa. Não vai também Kant, segundo o mito, condescender com o seu fiel serviçal, re-introduzindo a transcendência divina no seu sistema? A verdade é que a esperança no Além, e o temor das suas penas eram um horizonte que influenciava poderosíssimamente no mundo sublunar, com a grande vantagem de aligeirar a carga das funções do Direito.

Pode ser cínico, mas também é muito verdadeiro.

4.6. Religião, Moral e Sentido do Mundo

Mas não funcionava outrora apenas o simples mecanismo da cenoura e do chicote diferidos para além da morte. Todo o sistema dava efectivamente sentido ao mundo – em que, cedo ou tarde, os bons seriam recompensados e os maus castigados. E como isso é importante, e como isso nos faz falta agora. Quando um sopro de morte, de suspeita, varre as convicções e a segurança elementar de a

Justiça vir a ser feita. Uma sociedade que não acredita no prémio e na punição por parte das suas instituições a quem merece um e outra está *perdida*.

Perante o caos de luta de todos contra todos em que hoje efectivamente vivemos, sem esperança e sem segurança porque sem regra e sem limite que não sejam os efemeramente postos e derribados pelos políticos que fazem e desfazem as leis segundo as conveniências e as pressões dos grupos activistas ou privilegiados, uma cosmovisão como a tradicionalmente inculcada pela religião cristã em geral, aliada à moral judaico-cristã (dominante no mundo Ocidental, mas também não alheia ao próprio mundo soviético, pelo menos ao nível da cultura popular e até oficialmente viva, mercê de uma secularização do fundo cristão), era uma tranquilidade sem dúvida rígida, mas suficientemente capaz de definir regras do jogo.

Hoje, porém, essa religiosidade e a moralidade que considerou dever impor, encontram-se em sectores cada vez mais escassos das nossas sociedades ocidentais, e alguns deles, infelizmente, de tal forma se tornando isolados, que resvalam para elitismos segregadores e solipsistas, podendo mesmo em certos casos passar ao milenarismo, ao sectarismo e até ao fundamentalismo – perante a visão sem dúvida apocalíptica de um mundo que cada vez faz menos sentido, e cada dia mais calca aos pés os valores essenciais em que tais sectores foram formados. Se, numa sociedade estilhaçada e em grande medida laxista, do ponto de vista pessoal, familiar e microcomunitário, algumas regras de sacrifício, rigor, honestidade e afins se revelam muito eficazes, como forma de sucesso pessoal, sobretudo feita de apego aos valores do trabalho, da poupança, do respeito pela palavra dada, não deixa de ser verdade que, em muitos aspectos, os sobreviventes da ética da responsabilidade – sejam eles religiosos, sejam laicos, que também os há, embora menos visíveis – têm dificuldade em se integrarem no mundo, e são vítimas da maior incompreensão geral. A verdade também é que muitos dos que resistem nos valores tradicionais, perante o geral "cerco" das novidades acabam por se revelar excessivamente tradicionalistas, procurando conservar *a outrance* o que já não é conservável, e de tanto verem novidades destruidoras se tornam cegos ao bem que também decorre de muitas inovações. É preciso hoje uma especial lucidez para discernir e ver em perspectiva o que está demasiado perto.

Importa tentar ousar reler o mundo e tentar encontrar-lhe novos sentidos, sem fechar os olhos às novas realidades ou ao conhecimento de velhas realidades que só hoje conseguimos ver. Os juristas, enquanto tradutores universais, têm certamente o dever de compreender estes vários segmentos sociais, e de encontrar formas, eticamente admissíveis, justas, de promover não apenas a tolerância, como a convivência e a coexistência dos vários grupos. Até porque na sociedade contemporânea não é apenas uma questão de oposição entre várias formas de tradicionalismo, conservadorismo, ou reaccionarismo contra liberalismos, progressismos e afins. Antes pesa nos nossos dias também o facto de estarmos cada vez mais inseridos em sociedades em que a matriz judaico-cristã tem de conviver quer com desenraizamentos culturais fruto do nihilismo ocidental, quer com comunidades e indivíduos com outras origens e raízes, naturais ou escolhidas, com sede noutras culturas e civilizações, como, desde logo, as africanas e as muçulmanas.

Nenhum fechar-se no causulo de soluções feitas e de dogmas intocáveis poderá ser solução para os juristas que queiram intervir nessa importante tarefa colectiva.

Hoje já não se recorre ao conselho dos mais velhos, já não se vai ao confessionário, e mesmo o psiquiatra e o sociólogo poderão não ser tão difundidos e tão interventivos ou apaziaguadores como outrora os seus antecessores funcionais neste particular. A religião, a ética, a moral deixaram de ser instâncias dadoras de sentido ao mundo para muita gente. E o confronto dos sentidos entre os ainda crentes e os descrentes perturba ainda mais a pluralizada sociedade do desacordo em que vivemos. Sociedade sem dúvida mais rica, mais livre, mais plural, mas muito mais confusa (e muito mais dificilmente consensualizável e governável), e a reclamar fazedores de consensos, intérpretes, conselheiros – ou seja, juristas cultos, clarividentes, moderados.

Uma sociedade como a actual é apenas uma sociedade em dores de parto. Pode dar nascimento a uma bela e variada convivência, em que cada parte contribua positicamente para um todo ecléctico mas harmónico, como pode deixar morrer a criança.

4.7. Autonomia do Direito

É sempre importante termos presente a génese epistémica do Direito, que corresponde a uma vontade de talhar um território novo – do saber, mas também do poder. Ora o Direito cria-se precisamente saindo do terreno do que era até então ainda quase indistintamente religião, moral, política e normatividade (a primeira função nas sociedades indoeuropeias) para, afinal sem renegar a sua dimensão mítico-mágica e ritual, ética e de poder, se especializar enquanto normatividade justa, com autonomia científica, de congregação de especialistas (na verdade, várias congregações). Mas não se trata de uma especialização simplesmente técnica, instrumental, ou formal.

Essa especialização que corresponde ao *ius redigere in artem*, ao *Isolierung*, significa em grande medida uma forma de laicização, de *dar a César o que é de César e a Deus o que é de Deus*. Ao fundar--se como nova religião *hoc sensu*, nomeadamente com seus livros sagrados e seus sacerdotes, o Direito independentiza-se da religião. Mas o seu procedimento mais nobre, ao que julgamos, não é o do dogma – de que todas as religiões até certo ponto têm de fazer uso –, antes o da discussão, da dialéctica.

As relações do Direito com a Moral são mais complexas, e mesmo até o são as relações com a Ética. Se a moral é um fenómeno sobretudo social e psicológico, a objectividade do Direito, devendo respeitar as morais que verdadeiramente o sejam e proscrever os que as desrespeitam (sem todavia delas fazer tabu intocável), não pode conformar-se acriticamente com uma moral. Já a vocação universalista das Éticas obriga a outra ponderação. Mas, como vimos, nem tudo o que é lícito é necessariamente honesto, eticamente irrepreensível. E o melhor Direito, longe de ser o mais puro eticamente, é apenas o que mais eficazmente consegue que sejam respeitados os elementos do núcleo central da eticidade social. A lei seca, por exemplo, por levar ao extremo as exigências de virtude, redundou nas piores consequências criminais. Donde se devendo concluir que não se pode querer fazer os cidadãos virtuosos por decreto. A virtude, nos discursos de Robespierre, é uma divindade magnífica, resplandecente. Contudo, de tão alta, caiu no Terror que, por muito que Slavoj Zizek o pretenda reabilitar, é ainda e sempre Terror. E, infelizmente, por muito impura que seja, a grande maioria dos nossos concidadãos ainda preferirá menos rectidão e liberdade que a tenebrosa assepcia da guilhotina. Cuidado com os "Puros". O poema de Vinicius de Morais *Carta aos Puros* é, nesse aspecto, a melhor resposta:

Ó vós que vos negais à escuridão dos bares
Onde o homem que ama oculta o seu segredo
Vós que viveis a mastigar os maxilares
E temeis a mulher e a noite, e dormis cedo.

Ó vós, os curiais; ó vós, os ressentidos
Que tudo equacionais em termos de conflito
E não sabeis pedir sem ter recurso ao grito
E não sabeis vencer se não houver vencidos.

Ó vós que vos comprais com a esmola feita aos pobres
Que vos dão Deus de graça em troca de alguns restos
E maiusculizais os sentimentos nobres
E gostais de dizer que sois homens honestos.

Ó vós, falsos Catões, chichibéus de mulheres
Que só articulais para emitir conceitos
E pensais que o credor tem todos os direitos
E o pobre devedor tem todos os deveres.

Ó vós que desprezais a mulher e o poeta
Em nome de vossa vã sabedoria
Vós que tudo comeis mas viveis de dieta
E achais que o homem alheio é a melhor iguaria.

Ó vós, homens da sigla; ó vós, homens da cifra
Falsos chimangos, calabares, sinecuros
Tende cuidado porque a Esfinge vos decifra...
E eis que é chegada a vez dos verdadeiros puros."

Em síntese, o Direito não pode ser anti-ético mas não é o braço armado da ética. E o não poder ser anti-ético restringe-se aos elementos essenciais da eticidade, não a aspectos secundários, adventícios, ou muito circunstanciais. Evidentemente que a aplicação coerente desta perspectiva nos casos concretos não é simples. Até pelo facto de estarmos todos muito dependentes da nossa circunstância, quer nos nossos preconceitos conservadores, quer nos nossos preconceitos progressistas.

A ideia principal é a de que o Direito entra em intersecção com a Ética no núcleo essencial desta, havendo partes do Direito (sobretudo técnicas) a que a Ética é alheia, e partes da Ética (em boa parte quiçá de mera origem religiosa ou simbólica) em que o Direito não se deve imiscuir.

TÍTULO V

UM DESAFIO TEÓRICO HODIERNO: DIREITO NATURAL, HISTÓRIA E IDEOLOGIA

> «*Le droit naturel n'est pas la philosophie des juristes – seulement les meilleurs d'entre eux – (le droit naturel inclut du reste le positivisme – et il explique le succès du positivisme – car de notre point de vue mieux vaut élever le juge médiocre dans cet excès plus que dans l'autre qui serait contraire: l'arbitraire, la fantaisie, le rationalisme –). Je ne recommande pas à tous le droit naturel, mais à ceux-là seulement qui peuvent comprendre. Le droit naturel est ésotérique.*»
>
> MICHEL VILLEY – *Réflexions sur la Philosophie et le Droit. Les Carnets*, Paris, PUF, 1995, p. 45

Capítulo 1
Silêncios e Olvidos

Tentemos retomar alguns fios soltos de discursos dispersos, e, com distanciamento e um novo olhar analítico, tentar ver claramente visto uma realidade subtil e fugidia: esse Direito Natural que parece silencioso nos nossos dias, e mais ainda silencioso nos discursos psitacistas: tanto nos pomposos, como nos pseudo-rigorosos. O presente título pretende assim retomar, explicitar, aprofundar e sobretudo actualizar anteriores intervenções a este propósito, não constituindo, como é óbvio, um ponto de chegada, mas um caminho que se continua a percorrer dialecticamente.

Além do silêncio sobre o Direito Natural, qual "silêncio de Deus" (veja-se, por exemplo, Robert Anderson), sente-se hoje ainda um *mal-estar jusnaturalista*. Para evitar a carga negativa e de mal-entendido do "direito natural" e do "jusnaturalismo" correntes, a "jusnaturalista" Virgínia Black, Fundadora da *Natural Law Society*, e até em certo sentido mais ainda Percy Black, passariam a tentar diálogos superadores, e até a falar em "direito vital" (*Challenge to Natural Law: The vital law*, in "Vera Lex", vol. XIV, n.os 1 e 2, 1994, p. 48 ss.; Idem, *Mirror Images behind the rhetoric of natural and positive law*, in "Vera Lex", New York, vol. XI, n.º 2, p. 36 e 38; Idem, *Natural Law and Positive Law: forever irresolvable?* in "Vera Lex", New York, vol. X, n.º 2, 1990, pp. 9-10). A expressão tem pergaminhos, aliás, no constitucionalismo estadunidense. Acresce que, como é sabido, pode haver quem reconheça e mesmo defenda o primeiro e não aceite ou mesmo critique o segundo dos conceitos. Um conhecido artigo de Michel Villey em tom médico, que identifica o "jusnaturalismo" com uma patologia, por "hipertrofia" dos "órgãos do direito natural", é disso um exemplo (*Jusnaturalisme – Essai de définition*, in "Revue Interdisciplinaire d'Etudes Juridiques", n.º 17, 1986).

O que se passa nos nossos dias com algumas tradições jurídico-políticas muito nobres, profundas e respeitáveis é uma situação de olvido que facilmente se metamorfoseia em mal-entendido profundo e permanente. Permitamo-nos uma ilustração do tipo de questão e do "obstáculo epistemológico" (também ideológico) em causa.

O *esquecimento* das velhas liberdades que fizeram a vitalidade dos primórdios das nações europeias, aliás recordado nos preâmbulos de algumas das primeiras constituições escritas dos povos latinos (francesa de 1791, espanhola de 1812 e portuguesa de 1822) como causador da sua pior decadência é um facto histórico. Pelo menos tanto quanto se pode falar nisso, com sabedoria secundária da crítica historiográfica e da sociologia da cultura. Autores do mais progressivo que Portugal tem tido, como Antero de Quental (*Causas da Decadência dos Povos Peninsulares*, 6.ª ed., Ulmeiro, 1994, Oliveira Martins (*História da Civilização Ibérica*, nova ed., Mem Martins, Europa-América, s/d; Idem, *História de Portugal*, 20.ª ed., Lisboa, Guimarães, 1991), Jaime Cortesão (*O Humanismo Universalista dos Portugueses: a Síntese Histórica e Literária*, Lisboa, Portugália, 1965 (vol. VI das Obras Completas); e especialmente Idem, *Os Factores democráticos na Formação de Portugal*, 4.ª ed., Lisboa, Livros Horizonte, 1984, p. 176 ss..) ou Agostinho da Silva (*Ir à Índia sem abandonar Portugal*, Lisboa, Assírio & Alvim, 1994, máx. pp. 32-34), sublinharam a importância dessas "velhas liberdades". Porém, essa bandeira cairia em grande medida nas mãos de tradicionalismos e integralismos monárquicos. Ora, reduzir as liberdades tradicionais ou históricas à sua versão integralista parece uma traição à própria objectividade da sua realidade: uma recuperação *pro domo*. Ao silenciarem a simples História dessas liberdades, todos contribuem para uma lacuna no conhecimento e na cadeia histórica das realidades político-jurídicas e para uma coloração enviesada dessa mesma realidade. A prazo, a matéria deixará toda a sua consistência própria e objectiva, para passar a constituir um tópico privativo de uma escola ou capela. E o que era uma verdade histórica (a reclamar evidentemente mais estudo e mais aplicação, sem aproveitamentos), passará a transformar-se num mito, e num mito político (veja-se André Reszler, *Mythes politiques modernes*, Paris, P.U.F., 1981).

CAPÍTULO 2
A Crise Actual e suas Raízes

Identicamente à problemática jushistórica aludida no capítulo anterior se passam as coisas com o Direito Natural. Se continuamos a pensar que há muitos jusnaturalistas *sem o dizerem*, e sobretudo muitos jusnaturalistas *sem o saberem*, propendemos para a necessidade de dividir as águas.

Teremos que entender-nos: ou é jusnaturalista todo aquele que (mesmo nazi, mesmo fascista, mesmo comunista, anarquista, o que quer que seja...) reivindica esse rótulo – e assim podemos escandalizar, no seu túmulo mítico, essa mesma Antígona que alguns dizem nada ter realmente a ver, de forma directa, com o Direito Natural (v. Stamatios Tzitzis, *La Philosophie pénale*, Paris, P.U.F., 1996, máx. p. 69 ss.) mas essa é já outra questão, ou é jusnaturalista apenas aquele que acredita, aceita, apoia, concebe a existência de um direito natural acima do direito positivo, numa concepção ontológico-jurídica complexa, de dualismo ou pluralismo jurídico, contrapondo-se ao monismo para o qual apenas existe e vale o direito positivo. Mas mais que isso: o jusnaturalista deverá ser amigo do Direito e da Justiça, acreditando que ela é sempre *constans et perpetua voluntas*. Acresce que a aceitação de alguém como jusnaturalista passará pelo fundo e não pela forma (e palavra) das suas concepções. Podendo ser assim considerado jusnaturalista quem não se expresse nesses termos: eventualmente mesmo que a essa instância mais alta, crítica, ou de controlo ético ou metafísico (...) do direito positivo conceba de forma complexa se não chame "direito natural".

O futuro das designações depende, para nós, não do gosto pessoal e da afeição particular que possamos ter a uma expressão, mas da efectiva capacidade que ela possua para designar verdadeiramente algo. Por isso, se hoje ainda talvez se possam com proveito abrigar à sombra da grande árvore do direito natural, e do jusnaturalismo, todos os que recusam o positivismo jurídico, e que, assim, são jusnaturalistas *hoc sensu*, estamos claramente num momento de viragem.

Cada vez mais teorizações procuram uma espécie de "terceira via", e sobretudo rejeitam ser catalogadas a par de um direito natural em que cada vez mais vem ao de cima uma assimilação política conservadora e até extremista. É óbvio que, por exemplo, para muitos autores anglo-saxónicos, o direito natural é (pelo desconhecimento comparatístico e histórico: mas as coisas cada vez mais se tornam no que a-parecem) um epifenómeno ideológico, ou quase, da Igreja de Roma ou do Vaticano (v., porém, Luigi Lombardi Vallauri, *A Roman Catholic Concept of Justice*, in "Ratio Iuris", vol. 5, n.º 3, Dec. 1992, pp. 308-330), e para muitos autores de língua castelhana/espanhola ela se confunde, ou quase, com um discurso legitimador, ao nível político-jurídico, das ditaduras franquista, de Pinochet, e outras... Ora, quem quererá estas últimas companhias? O problema é que há quem queira ainda, e identifique sem má consciência certas práticas anti-democráticas (para sermos eufemistas) e os altos valores jusnaturais... E isso é muito preocupante.

Estamos em crer que, em grande medida para evitar confusões, a "deserção" relativamente ao jusnaturalismo tem sido grande no campo democrático, social, etc. E a "deserção" não é a única forma de que se reveste esta situação de geral retirada. Há ainda o esquecimento. A breve trecho, este esquecimento ou redução da discussão e do estudo do direito natural à sua expressão mais simples, ou à mera alusão, leva a que a geração seguinte (ou simplesmente o seguinte curso universitário) deixe de ter qualquer verdadeira formação na matéria, e nem pense mais no assunto. Uma vez mais, há uma mudança de paradigma por esquecimento (v. Winfried Hassemer, *História das Ideias Penais na Alemanha do Pós--Guerra*, seguido de *A Segurança Pública no Estado de Direito*, trad. port., Lisboa, AAFDL, 1995, p. 30; e o já clássico Thomas S. Kuhn, *The Structure of Scientific Revolutions*, Chicago, Chicago University Press, 1962).

Desde logo os liberais, em cuja base ideológica o direito natural do séc. XVIII, sobretudo, tão profundamente se encontra, em muitos casos optaram nos nossos dias por se livrar desse fardo, incómodo para as suas pretensões éticas e afins mais "liberacionistas", certamente para não se confundirem com doutrinas conservadoras dos mais conhecidos jusnaturalistas católicos, nomeadamente em matéria de costumes. E aqueles que, ditos liberais mas realmente neo-conservadores (ou até, simplesmente, anarco-capitalistas), até em certos aspectos de costumes eventualmente estariam com as perspectivas mais rigoristas no âmbito moral, já por outro lado nada têm a ganhar com quaisquer veleidades de justiça social que possam vir "no bojo" de um jusnaturalismo com preocupações pelos mais desfavorecidos.

Se os liberais, sobretudo os liberais democratas e sociais, parecem em muitos casos não preservar um legado de que maioritariamente poderiam (ou pelo menos com maior facilidade poderiam) reivindicar-se, a esquerda política (mesmo se sempre poderemos recordar o nome de um Ernst Bloch, *Derecho Natural y Dignidad Humana*, trad. cast. de Felipe Gonzalez Vicen, Madrid, Aguilar, 1961 e *Das Prinzip Hoffnung*, Frankfurt, Suhrkamp, 1959), pela sua maior parte, encontra-se alheia a este problema – tudo ou quase tudo remetendo, na questão juspolítica, para o terreno sempre aleatório da mera luta política. É, pois, em geral, entre um "positivismo democrático" ou um "positivismo revolucionário" que em muitos casos oscila. E contudo, se há preocupações exaltadas com a Justiça, elas estão nas raízes do socialismo, na poesia de Antero de Quental e nos paradoxos inspirados de Proudhon... Para não multiplicar os exemplos...

Não esqueçamos que muitos dos desencantados com os colectivismos passaram, no domínio das filosofias jurídicas, para a banda do pós-modernismo, e numa confusão (concordamos que por vezes criadora) entre o *sein* e o *sollen*, à sombra da sociologia jurídica ou afins resolvem o problema, sem precisar de entidades mais transcendentes. E na verdade tão complexas, que chegam a ser até desesperantes e desincentivadoras, quando se verificam confusas. E no Direito natural há excessiva confusão, que repugnaria, desde logo, ao claríssimo Tomás de Aquino, tão invocado *pro domo*...

Com tantas famílias de pensamento e acção a demarcarem-se do jusnaturalismo, o problema está em sabermos se deveremos manter, algo quixotescamente, a fidelidade a uma designação, ou se a deveríamos abandonar – designadamente trocando-a pela ainda não conspurcada fórmula da "Justiça", naturalmente servida por uma "teoria da Justiça" (ou várias teorias), ou alguma expressão afim.

Por outro lado, no terreno constitucional, que temos também cultivado, a tentação é grande para prescindir do Jusnaturalismo (v. o nosso *Direito Constitucional Geral*, Lisboa, Quid Juris, 2006, p. 47, p. 51 ss., p. 127 ss., *et passim*). Numa síntese vertiginosa se diria que as tendências neoconstitucionalistas (Miguel Carbonell (ed.), *Neoconstitucionalismo(s)*, Madrid, Trotta, 2003 ; Écio Oto Ramos Duarte / Susanna Pozzolo, *Neoconstitucionalismo e Positivismo Jurídico. As Faces da Teoria do Direito em Tempos de Interpretação Moral da Constituição*, São Paulo, Landy Editora, 2006; Alfonso García Figueroa, *Norma y Valor en el Neoconstitucionalismo*, in "Revista Brasileira de Direito Constitucional", n.º 7, vol. 2, p. 107 ss.) e afins fazem a economia da transcendência porque os grandes princípios jusnaturais acabam por se encontrar já positivados. E, no limite, o que antes era filosofia e projecto, agora é matéria de hermenêutica. Constituição real e Constituição material são conceitos que rivalizam com o de Direito Natural, e os princípios positivados têm os mesmos nomes e o mesmo conteúdo (ou podem tê-lo) que os velhos "direitos naturais" não escritos. Claro que o Direito natural poderá ser, ele também, concebido como *constans et perpetua voluntas*. E por isso sempre tem lugar como luta pela Justiça, para além e acima dos textos, por belos e bons que sejam. Mas, para sobreviver e coexistir, tem de se retirar de algumas matérias, que se encontram agora sob outra jurisdição: designadamente a dos tribunais constitucionais...

Cuidamos, contudo, ainda poder resistir a velha e nobre fórmula: não sabemos até quando, porém.

Ainda talvez se possa dizer que os "pluralistas jurídicos" (defensores de uma ontologia do Direito não monista) seriam "jusnaturalistas" *latissimo sensu* – mas com todas as precauções, porque muitos deles não aceitarão, em grande medida, um tal rótulo. E nada há de pior do que querer baptizar à força um intelectual.

A ideia de um Direito transcendente que prevalece sobre o imanente, o dado, o voluntário, é, para nós, uma garantia de civilização; mas reconhecemos, até pelos nefastos aproveitamentos, que pode ser também uma perigosa carta na manga dos poderes. O facto de poder ser um tópico argumentativo – decerto o mais importante e um dos mais plásticos de todos – não deixa de simultaneamente lhe dar e retirar margem de manobra.

Compreendemos perfeitamente que o direito natural possa ser quer revolucionário, quer conservador – mas isso é óbvio, porque ele é superior à conjuntura política, podendo contudo ser por ela aproveitado. Contudo, ele é também mutável, donde, sendo superior ao contexto, não lhe será totalmente alheio. Mesmo a natureza humana é mutável (e o direito natural também já foi dito, e com grande fortuna, "de conteúdo variável", segundo a fórmula de R. Stammler). Isso di-lo Tomás de Aquino inúmeras vezes. Obviamente que repugna a concepção de um direito fixista ou rígido, tanto quanto a de um direito natural volúvel. Mas mutação não é volubilidade.

A mutabilidade da natureza humana terá estado certamente na base na recusa de um Maihoffer de um direito natural tradicional naturalístico-essencialista. E cada vez mais autores, mesmo não racionalistas, entendem o direito natural como direito de uma natureza-razão. Não sendo, a nosso ver, esta visão incompatível, no principal, com a leitura realista de uma natureza-valor, ou de uma natureza-essência.

Também se compreende bem que, para alguns, a linguagem dos direitos humanos torna incompreensível, e imprestável até, a lógica jusnaturalista – quando deveria ser o contrário (os Direitos Humanos têm muito mais sólida consistência se fundados num bem alicerçado direito natural). Mas, realmente, o direito natural não pode deixar de ser – e hoje cada vez mais, com o decréscimo de nível do jurista comum, pela demissão *educativa* de muitas faculdades, desde logo no ensino da dimensão humanística dos Fundamentos do Direito – uma perspectiva elitista. Tão elitista que pode ser duvidosa a sua utilidade para o grande público, mesmo para o grande público dos juristas comuns. E é obviamente com melancolia que o afirmamos. Mas esta percepção já a teria tido o prudente Louis Le Fur, e Michel Villey viu-o muito certeiramente, sobretudo nos seus *Carnets*, apenas postumamente editado. Esse texto do "livro das páginas", confessional e martirizado, foi visto de forma talvez excessivamente literal, sem a tragédia e a grandiosidade que o envolvem. De todo o modo, é interessante ler os leitores do mestre de Paris, designadamente Bjarne Melkevik.

Em todo o caso, o tom melancólico e nada apolíneo do diário intelectual quase intimista (e a intimidade das coisas do espírito é a mais complexa e sagrada) não pode revelar nem sequer deixar entrever uma interessante faceta, no contexto revolucionária e iconoclasta, de Michel Villey: a sua identificação do direito natural com uma metodologia (*Abrégé de droit naturel classique*, in "Archives de Philosophie du Droit", VI, Paris, Sirey, 1961, pp. 25-72, in ex *Leçons D'Histoire de la Philosophie du Droit*, nova ed., Paris, Dalloz, 1962, p. 146), uma metodologia dialéctica, à boa maneira aristotélica, romanista e tomista, a qual, curiosamente, é substituída na prática pelo dogmatismo nada dialéctico de *decálogos-sombra* (ou nem isso, como em Álvaro D'Ors) por muitos jusnaturalistas que, contudo, se reclamam firmemente do legado clássico. E, do mesmo modo, se o exemplo daquelas três fontes é o do laicismo (com o *Isolierung*, com o *Ius redigere in artem*, etc.), mal se compreenderá, assim, quer as afirmações quer as críticas confessionais ou afins no âmbito de um modelo jusnatural que se reivindique do realismo.

Enquanto metodologia jurídica, o direito natural aparta as visões acanhadas e ideologizadas de catálogos de direitos naturais tantas vezes identificados com crenças muito concretas, contextualizadas ou circunstanciais, de índole religiosa ou política, elevando-se e fortalecendo-se, mas, ao mesmo tempo, perdendo em conteúdo concreto, acaba por se tornar evanescente. E logo alunos perseverantes reclamarão por novas positivações, por novo "direito natural positivo" (v. o nosso – "Do Direito Natural Positivo", in *O Século de Antígona*, Coimbra, Almedina, 2003, p. 95 ss.)...

Finalmente, pelo estudo concreto do dito jusracionalismo português e brasileiro (*Temas e Perfis da Filosofia do Direito Luso--Brasileira*, Lisboa, Imprensa Nacional-Casa da Moeda, 2001; Idem – "As Contradições do Jusracionalismo", in *Pensar o Direito*, Coimbra, Almedina, 1990, máx. p. 53 ss.), insinuou-se no nosso espírito uma dúvida fatal, não só metodológica, como ideológica. Do mesmo modo que o ocorrido com as velhas liberdades, a empresa divisória de Leo Strauss, no seu *Natural Law and History* pode não ser alheia aos seus pontos de vista filosófico-políticos. A divisão do direito natural entre clássico e moderno serve bem demais uma separação de águas entre uma modernidade de que o conservadorismo e o tradicionalismo não gostam, e um tempo idílico, de direito "puro", que se remete para o direito romano clássico, como tempo real, e para as obras de Aristóteles e Tomás de Aquino – sem dúvida autores excelentes, mas isso mesmo: *autores*. Mitificação de modelos e de fontes? Julgamos que não resta disso a menor dúvida.

A questão merece ser investigada mais detidamente. Contudo, os nossos estudos do direito natural sobretudo no séc. XVIII, se sem dúvida mostram nos ares dos tempos mais apego à lei e revelarão algumas marcas de estilo de época, não nos parecem, contudo, constituir de per si um tão radical corte como se fez crer com as ideias do jusnaturalismo clásssico. Quiçá a grande diferença esteja entre a filosofia realista clássica e a filosofia racionalista, mas não tanto nas aplicações, sempre algo sincréticas, dos juristas. Mas tudo são ainda hipóteses.

Tal como não vemos uma ruptura radical entre as propostas de várias épocas e várias perspectivas ideológico-políticas (como, por exemplo, entre as liberdades históricas da *Lusitana antiga liberdade* de Camões e as liberdades da revolução liberal), também nos custa que o legado jusracionalista seja execrado da banda realista clássica, e o legado jusnaturalista *tout court* seja esquecido e com ligeireza maltratado pelo lado dos que se reivindicam da Razão. Aliás, bastaria reler as páginas sobre a razão em Tomás de Aquino para se ver o quanto se lhe deve nesse âmbito. Veja-se, por todos, a este propósito, Jean Lauand (estudo introdutório, selecção e introdução) – *Ratio, Natura, Ordo. Sentenças de Tomás de Aquino*, in "Notandum", ano IX, n.º 13: http://www.hottopos.com/notand13/jean.htm.

Tal como ao lerem sem indicação do autor as páginas de Agostinho de Hipona, na *Cidade de Deus* (IV, 9), sobre o diálogo do pirata e do imperador, muitos julgam estar perante um anarquista, também certamente, com pouca dissimulação, alguns tomariam bons passos da *Summa* por um texto iluminista. O que prejudica muito a vida do espírito e a vida social do espírito são os lugares-comuns e a luta política e de poder, sob capa ideológica, e esta sob capa filosófica...

Não por acaso um hino composto pelo liberal e iluminista D. Pedro IV de Portugal (D. Pedro I do Brasil) quer *vingar* "Direitos da Natureza". Ou seja, voltar ao Direito Natural. A alta percentagem de positivismo detectada por Michel Villey no jusracionalismo precisa de ser analisada de novo, à luz de novos reagentes. Nomeadamente à luz do facto de o positivismo, designadamente legalista, ser, como afirma Braz Teixeira com muito acerto entre nós, a "filosofia espontânea dos juristas" (*Sobre os Pressupostos Filosóficos do Código Civil Português de 1867*, in «Fides. Direito e Humanidades», vol. III, Porto, Rés, 1994, p. 148).

CAPÍTULO 3
Paradoxos e Prospectiva

Há ainda muito a investigar. Propendemos para uma catalogação não fundamentalista nesta matéria, mas não tão vasta que nela caiba A e precisamente o contrário de A. Afigura-se-nos que o sentido latíssimo de *jusnaturalista*, assim como de *pluralista jurídico* vai desaparecer. E talvez deva desaparecer já. Ficam então, segundo os usos, os jusracionalistas e os realistas clássicos – os quais cremos que têm diferendos mais de cor local político-cultural e ideológica que verdadeiramente na profundidade da doutrina de base.

Cremos que seria bom que de um lado e do outro se fizessem esforços de compreensão e diálogo. E que se não pudesse alguém reclamar do jusnaturalismo com as mãos mentais tintas do sangue de justos, porque se trata de uma perspectiva também profundamente ética, com implicações de vivência, e não simplesmente uma abstracção a que se possa aderir apenas mentalmente. De igual modo, também se deveria apartar, neste âmbito, os que confundem direito natural com os seus conceitos e preconceitos, designadamente de uma cosmovisão, muito religiosa e/ou ideológica.

Talvez tenhamos que ir mais ao cerne do problema, e falar em jusnaturalismo político-religioso e em jusnaturalismo metodológico-filosófico-jurídico. Nesse sentido, talvez ficássemos mais esclarecidos.

Não é que o último não possa ter, para alguns, um fundamento religioso. Mas tal fundamento não é, como bem viu Grotius, imprescindível. Não é que o jusnaturalista se deva remeter a uma castidade ideológica; o que não pode ou não deve é tomar a nuvem da sua perspectiva política pessoal para a confundir com a Juno do dever-ser do direito natural.

E eis o paradoxo: depois de uma perspectiva latíssima, fica-nos uma visão restrita do Direito Natural, mesmo que de vez recusemos (ou venhamos a matizar) uma divisão entre Antigos e Modernos neste âmbito.

Em suma: a questão do Direito Natural requer a maior prudência, e, ao contrário do que possam pensar alguns profanos, está longe de ter sido tudo dito sobre a questão, e por isso mesmo devemos fazer um grande esforço de diálogo e investigação com um escrupuloso rigor filosófico, científico e metodológico.

É preciso ter a consciência de que se trata de uma família extensa. Como quase todas as famílias, apesar das mitologias, é esta uma família nada concorde entre si, nada uniforme, com dramas e tempestades, ovelhas negras e toda a sorte de tabus, zangas, ódios e, naturalmente, todo o tipo de afectos, afinidades e amores... Humana, pois, e demasiadamente humana. E a família cada vez mais sai da endogamia e entretece alianças e ligações com os *pluralistas*, e, os *judicialistas*. E certamente encontra-se em diálogo com os *neoconstitucionalistas*, mesmo que alguns dela creiam poder facilmente prescindir.

Talvez deva surgir, no chão de um novo direito fraterno, solidário, ou altruísta, um *neojusnaturalismo crítico*. Que não olvide a formação realista clássica, mas por igual a jusracionalista, com abertura à superação da dicotomia jusnatural com a tópica, a hermenêutica, os estudos de Direito & Sociedade, Direito & Arte, Direito & Literatura, Retórica & Direito, e a muitas correntes filosóficas e/ou metodológicas não positivistas, e com uma particular sensibilidade (de compreensão) às angústias dos pluralistas que se não revêem no jusnaturalismo. Entre os "jusnaturalistas", estamos mais com a metodologia, como um Villey (que recusou o epíteto) e com a tópica, como um Puy: e, pessoalmente, desde logo pela simpatia das suas empresas iconoclastas, ainda que dentro da grande família jusnatural. E não deixamos de pensar nas críticas de Bloch a um jusnaturalismo burguês.

Contudo – e perdoe-se-nos a heterodoxia – afigura-se-nos que Villey ao colocar a tónica sobre a questão no Método e Puy ao enfatizar a Tópica (e os Direitos Humanos) de algum modo mataram (numa morte ritual de que se segue ressurreição) o direito natural tradicional. Ainda bem! Ele vive agora uma super-vivência que o transcende. E sobretudo transcende as suas visões acanhadas e *pro domo*. Além disso, como diria, a propósito da própria filosofia jurídica (no que realmente exagerava muito), João Baptista Machado, o direito natural, *hic et nunc*, é "um saber que a tribo rejeita"...

Tal não é razão suficiente para que se esqueça o Direito Natural (quase haveria até a tentação de afirmar que, "pelo contrário"); mas tal é mais um motivo para ponderação sobre a sociedade e os juristas para quem se tornou ou obsoleto, incómodo, ou supérfluo... Conforme, por exemplo, um Otfried Hoeffe (*Gerechtigkeit: eine philosophische Einführung*, Munique, Beck, 2001, trad. port. de Peter Naumann, *O que é Justiça*, Porto Alegre, EDIPUCRS, 2003, p. 47).

Cai-nos quase por acaso nas mãos um manual de Direito Constitucional do tempo do "Estado Novo", onde deparamos com uma interpretação paradigmática sobre a coexistência e a articulação entre o "Direito Natural" que vigorava no art. 16.º do Código Civil (como uma das formas de direito supletivo, para integração de lacunas, em certos casos) e a "moral e o direito" que, segundo o art. 4.º da Constituição de então, eram únicos "limites" da "soberania" do Estado. O Direito Natural do Código liberal do Visconde de Seabra (1867), seria "de feição individualista e racionalista, nos moldes da filosofia da Revolução Francesa", enquanto o Direito Natural em que assentava o novo Código Civil (de 1966), e que se expressava, na Constituição de 1933, por aqueles referidos limites (e o regime tirara, entretanto, no novo Código Civil, qualquer referência expressa ao "Direito Natural"), estaria baseado num "direito natural de feição corporativo-personalista, segundo os ensinamentos da filosofia católica".

Perante esta pluralidade, sempre contextual e ideológica, lembramos o que, páginas antes, se tinha observado, e que passará certamente pelo espírito de muitos:

"Outra é a perspectiva do positivismo de parte do século XIX e deste século que, reagindo contra os excessos dum jusnaturalismo ingenuamente dogmático que já se compendiava em variados sistemas contraditórios e... todos universalmente válidos, repudiou toda a ideia de direito natural (...)" (José Carlos Moreira, *Lições de Direito Constitucional. De harmonia com as prelecções feitas ao 1.º ano jurídico. Coligidas em 1957-1958 por Daniel Gonçalves, e revistas pelo Assistente da cadeira, Dr. Crucho de Almeida. Actualizadas no ano lectivo de 1959-1960*, Coimbra, policóp., 1959-1960, p. 33, n. 1.).

Não podemos deixar de prestar homenagem a um livro que, em pleno tempo de clausura política e positivismo imperante, apesar de tudo coloca em questão estes temas, e logo numa Cadeira de Direito Constitucional.

Tomemos a distância necessária a uma provisória conclusão, e retomemos, assim, alguns fios de argumentos esparsos, que se revelam iluminadores.

Antes de mais, um tópico recorrente. Goethe aludiu, em proverbial dito, ao direito romano, comparando-o ao cisne que, mergulhando, vem depois à tona da água. Sempre mergulha, e assim parece não existir na superfície das aparências, para de novo emergir e reaparecer. Também o direito natural tem visto serem-lhe passadas várias certidões de óbito; mas, como afirmou Mark Twain um dia de si mesmo, as notícias que relatam a sua morte são manifestamente exageradas. O direito natural parece a uns um morto, para outros é espectro, é fantasma, ou morto-vivo que importuna as noites dos positivistas do *dura lex*, sempre. Outros ainda o declaram vivíssimo e super-vivente, embora as Faculdades de Direito (e outras) nem sempre lhe facultem a palavra. O tecnicismo e o positivismo, ainda que espontâneos e não críticos são, ainda, como tem sido dito, a regra. E mesmo quando por vezes se alude a este *quid* não sobeja tempo para desenvolvimentos.

Já o dividiram entre clássico e moderno (Leo Strauss foi arauto dessa divisão, seguida por muitos), e contudo estudos «no terreno» da história filosófica do direito parece levarem-nos a concluir que a oposição é mais política do que jurídica. Mais ulterior que contemporânea, naturalmente.

Porque há, não o olvidemos, um uso de conservador, tradicionalista e até reaccionário do direito natural, e um uso progressivo, aberto e até revolucionário do direito natural.

Para uns, o direito natural parece ser um instrumento ou aparelho ideológico que transmuta em juridicidade o que é opção moral e até grupal ou sectária muito localizada. Há até quem o faça derivar ou coincidir com princípios religiosos de religiões concretas.

Há até partidos do direito ou da lei natural, que, como todos os partidos, são porta-vozes de uma parte localizada e empenhada da «verdade possível» ou do acesso possível à verdade.

Para outros, o direito natural pode ser até instrumento de utopia, ou de utopismo, princípio esperança. Direito natural pode ter sido discurso legitimador de regimes opressivos para uns, e ordeiros para outros. Alguns, que tinham alguma obrigação histórica em defendê-lo (como os liberais), pelo menos na sua versão «francesa» e setecentista, parecem por vezes dele se envergonhar, já que outros, menos liberais, o defendem por vezes. Mas nem por isso muitos outros o adoptam. Outros ainda remetem para Roma, onde já uns tantos recusam que haja sido o direito romano o que outros proclamam.

Outros invocam São Tomas, que, como Marx não seria "marxista", decididamente não seria «tomista» – argumento de outros ainda.

Por estas e muitas mais razões, o direito natural é um dos grandes mal-amados do direito.

E mal-amado, desde logo, em duas acepções: mal amado porque poucos o defendem e o estimam realmente; mal-amado porque mesmo alguns dos que o estimam e defendem nem sempre o farão pelas melhores razões, com os melhores objectivos, com os mais coerentes argumentos, e o conhecimento histórico-jurídico e o esclarecimento filosófico que se impunham.

E contudo move-se. E continuamos a discuti-lo. [Desenvolvemos estas ideias mais recentemente no nosso *El Derecho Natural*,

Historia e Ideologia, in *Las Razones del Derecho Natural. Perspectivas teóricas y metodológicas ante la crisis del positivismo jurídico*, 2.ª ed. corrigida, reestruturada e ampliada, Buenos Aires, Editorial Ábaco de Rodolfo Depalma, 2008, p. 53 ss.]

PARTE III

PERSPECTIVAS CONTEMPORÂNEAS DA FILOSOFIA DO DIREITO

> "*E com efeito em que se acordam os sábios? Qual é a doutrina em que todos concordam, qual é o sistema em que todos convêm, ou qual é o princípio em que todos se fundam? (…)*"
>
> MATIAS AIRES – *Reflexões sobre a Vaidade dos Homens*, p. 126

TÍTULO I

AS TEORIAS

> *"A negação crítica do direito não passaria do absurdo inconsequente que é se, ao mesmo tempo, o direito não tivesse abdicado da sua função, que só ele pode desempenhar, de dar um significado e uma finalidade à existência dos homens nas relações entre si e nas relações com o mundo, ou seja, se os juristas não tivessem desistido de pensar o direito"*
>
> Orlando Vitorino – *Refutação da Filosofia Triunfante*, Lx., Guimarães, 1976, p. 147

CAPÍTULO 1
As Teorias: entre Fé e Desencanto

A moda das teorias ou a sucessão de paradigmas tem, naturalmente, algo de cíclico. Um excesso de dogmatismo leva sempre a uma recusa de normativismo ou de normatividade (*latissimo sensu*). A decadência escolástica, por exemplo – escola que ainda hoje encontra eco em alguns resíduos remanescentes de um sistema formalista sob vestes verbais, mas desprovida da alma desses antigos tempos – levou naturalmente à reacção do positivismo jurídico *tout court*, primeiro, e depois às suas "heresias" lógicas, metodologistas, hermenêuticas, analíticas, sociologistas, bem como às escolas ditas realistas (escandinava e norte-americana), mas sobretudo sempre de uma forma ou de outra mais cépticas que assépticas, e que, no limite, tudo acabam por deixar claudicar ante o facto do Poder, contra o qual se encontram absolutamente desarmadas axiológica e psicologicamente.

Estas últimas "heresias" são também elas próprias reacções contra o dogmatismo legalista, literalista, exegético, da célebre tirada de Bugnet: "Não sei o que é o Direito civil, só ensino o Código Napoleão".

As perspectivas sobre a Justiça e o Direito oscilam assim entre tempos de certezas ainda que cépticas, relativistas ou niilistas, e tempos de dúvidas, ainda que num caso e noutro cheias de fé, amor à verdade e recta intenção.

CAPÍTULO 2
Em Demanda da Justiça

Surya Prakash Sinha observou que o Direito se não poderia definir, pelo facto da sua irrecusável, inafastável e determinante raiz europeia (*Why has not been possible to define Law*, in "Archiv fuer Rechts- und Sozialphilosophie", 1989, LXXV, Heft 1, 1. Quartal, Stuttgart, Steiner, p.1 ss.). Diríamos antes de uma outra forma: a Justiça, que segundo refere uma glosa, é mãe do Direito (pois ele dela procede como um filho de sua mãe), tem dificuldades idênticas não por vicissitudes civilizacionais, mas por razões temporais. Cada tempo se concentra em alguns dos seus aspectos, dela projectando uma diversa imagem.

Além do mais, de que Justiça se fala?

Aristóteles foi um pioneiro insubstituível e inolvidável ao dividir a Justiça geral, essa que parece competir com a luz estelar do firmamento, e a mais simples, mais modesta, mais humana, justiça jurídica, particular. Mas, para além desta divisão liminar, não podemos esquecer que há diferentes lunetas pelas quais podemos proceder à observação da Justiça. Miguel Reale, por exemplo, nos recordava algumas delas.

Elenquemos rapidamente o que pode ser a Justiça, ou seja, em que categorias se manifesta ela: como uma virtude, como um valor, como um princípio – sobretudo. Mas autores do realismo escandinavo também nos dão outra luz sobre a questão, advogando que a Justiça não passa de uma noção vaga, subjectiva, um voto piedoso – ou nem tanto. Uma mera questão de palavras, sobretudo.

Estas reduções linguísticas (sendo por vezes lógicas, frequentemente inteligentes, e muitas vezes interessantes e com contributos a considerar) fazem todavia muito mal ao Direito como a toda a Cultura. Uma das características destas filosofias que dissecam a linguagem é que, de tanto olharem a palavra no espelho, já não a vêem humana, mas símia – ou assignificante, ou polissémica ao ponto de ser nula também. "Si tu te regardes longtemps sur la glace tu y veras un singe", dizia um autor existencialista. Dissecar as palavras com palavras, promover a crítica radical, desconstruindo, deixa o edifício revolvido. Mas rasgado o véu do templo já não se pode reconstruir nada em três dias...

A "casa do ser" é frágil, e frágeis os fios que ligam o sentido e as palavras que realmente o não contêm, mas o evocam, como que magicamente. A profanação dos signos tem como preço a oclusão dos sentidos.

Mas voltemos aos paradigmas da Justiça. Eles sucedem-se, embora também possam coexistir, sobretudo nas épocas mais tardias, como a nossa, em que todos podem ou poderiam desabrochar.

No princípio, o Direito não existe ainda autonomizado epistemologicamente. Se em muitas civilizações aparecem conceitos que nos lembram uma certa ideia de Justiça ou equidade por contraposição ao legalismo estrito (*Kittu /Mesaru*; *Li /Fa*; *Epikeia*; *Aequitas*; *Mahat*...), a fusão entre as matérias jurídicas e as que hoje consideramos serem políticas, éticas, morais, religiosas e afins é ainda a regra. A este período corresponde uma normatividade mais oficial e mais ligada ao poder por um lado, frente à qual vai emergindo porém uma certa ideia de normatividade superior ou mais adequada. A evolução da ideia de Mahat, no Egipto, no-lo comprova: pois de identificada com o próprio Faraó passará a ser instância de julgamento dos seus actos.

No mundo clássico o Direito é sobretudo virtude. A Justiça geral (a generalíssima) de Aristóteles é ainda virtude.

Com o *ius redigere in artem*, a Justiça particular ou Direito emerge, operando-se o *Isolierung*. A Justiça parece assim ser o fim para que tende o Direito, que é o seu objecto, ou instrumento, concretização.

Nos tempos medievais, a Justiça continua a ser encarada como uma virtude – especialmente quando, nos primeiros tempos que se sucedem ao triunfo dos Bárbaros, se olvida o rigor de delimitação epistemológica e também institucional da ordem romana. Quando, nesses tempos obscuros, esses sim e não toda a Idade Média, Job é apresentado como exemplo de homem justo, não apenas se deu já uma cristianização profunda das virtudes gregas, como uma subordinação do Direito à religião, ou melhor, uma sua nova imersão nela.

Como é sabido, esta situação de nova síncrise só irá mudar, e ainda assim decerto muito mais ao nível teórico do que prático, graças ao papel redescobridor de Tomás de Aquino. As virtudes continuarão cristianizadas – assim se apresentarão em todo o seu esplendor no célebre tímpano da *Stanza della Segnatura*, pintado por Rafael. Mas a Justiça vai ser reaproximada do Direito. O "Tratado da Justiça", da *Summa Theologiæ* é um reencontro do Direito com a sua missão, um reencontro do Direito com a sua autonomia. Esse milagre de laicismo é um dos grandes contributos de Santo Tomás para a própria civilização ocidental, em que tão importante é a separação das *coisas de César* das *coisas de Deus*.

Tomás de Aquino constitui assim um renascimento – mas já a breve trecho o nominalismo vai esquecer estes problemas, e de novo baralhar as coisas do justo e do poder. Guilherme de Ockham ao afirmar que Deus pode fazer *do mal bem* e *do bem mal* lança a semente do "tudo é possível" com a "morte de Deus", uma morte que cada homem pode fazer no seu coração. Logo Thomasius, quando pretende dividir o direito e a moral complicará mais que esclarecerá. Na verdade, se Deus pode mudar as regras do jogo, uma vez não havendo Deus, quem detiver o poder o poderá fazer a seu bel-prazer. Pode assim haver justiça e direito não apenas mutáveis, mas caprichosos.

A partir de um dado momento, a própria escolástica tardia medieval se encontrava esgotada, estéril. A tentativa de um direito natural racional e de algum modo objectivável já, porque reduzido a princípios, não deixa de ter o seu interesse. O espírito dos tempos, cada vez mais idealista na sua fé numa razão voluntarista e com feição por vezes autoritária, moldou sem dúvida esse empreendimento. A Justiça passa de algum modo a encontrar-se num Direito Natural de princípios. E as grandes Declarações de Direitos e Constituições modernas serão os arautos de tal Direito Natural. O qual, de tão positivado, alguns temeram vir a tornar-se supérfluo. Mas enganaram-se, quiçá malfadadamente. Porque adquiridos básicos da "tecnologia da liberdade", como a "mera" "Separação dos Poderes", tardam em ganhar aplicação universal. E em alguns casos parece recuarem. Até por isso a positivação dos princípios e o advento de Constituições principiológicas são passos importantes, e podem ser bastiões a defender.

Mas retomemos o fio da História. Menos ambiciosos, os tempos seguintes de vez em quando invocam o princípio da Justiça. Hoje se invoca em alguns ramos mais que noutros. O valor Justiça corresponde, por seu turno, a uma fase moderna axiologizada e laicizada. Mas todas as teorias são de todos os tempos. E nos nossos dias, neste nosso tempo de confluências e encruzilhadas, a Justiça pode e talvez deva ser virtude, valor, princípio. E pode ser outras coisas. Por exemplo, à falta de Bem Comum, conceito cheio de significado, mas por vezes conotado negativamente, fala-se cada vez mais em Justiça Social. As Justiças adjectivadas abundam.

Temos de perseguir nas palavras os sentidos para além das circunstâncias dos tempos.

A Filosofia do Direito é assim ainda uma etimologia das palavras e uma arqueologia dos sentidos.

CAPÍTULO 3
Positivismo e Pluralismo na Jusfilosofia Contemporânea

As perspectivas por que o Direito é contemporaneamente encarado crescem exponencialmente. Apesar de sempre mais ou menos se poderem enquadrar dentro dos ângulos tradicionais.

3.1. Alguns Positivismos

Por exemplo, há um ar de família entre o normativismo ou positivismo lógicos de Hans Kelsen, com a sua dedutiva pirâmide normativa, desde a norma das normas ou *Grundnorm* e o positivismo analítico britânico.

Austin – Um Austin é também um positivista quase típico ao considerar o direito como um comando dimanado de um soberano e armado de sanção. Se no autor da *Teoria Pura do Direito a* filiação do Direito no Estado é tal que quase passa a uma verdadeira identificação, em Austin de algum modo apenas se substitui o Estado pelo seu princípio activo, o soberano, dotado dos instrumentos persuasivos e punitivos para fazer cumprir os seus ditames.

Hart – Na mesma linha do positivismo analítico, o conceito de Direito de Hart de algum modo ecoa a hierarquia normativa kelseniana com a divisão da juridicidade em normas primárias e normas secundárias. As primeiras ditam obrigações, são prescritivas ou preceptivas, imperativas, de *facere* ou de *non facere*. As regras secundárias, por seu turno, podem dividir-se em diversos tipos. As mais importantes, decerto, serão as chamadas normas de reconhecimento, pelas quais apuramos se algo normativo é ou não é de Direito (pode ser de outra ordem social normativa). Em segundo lugar, há as normas que lidam com a própria mudança normativa. E o terceiro grupo diz respeito à resolução dos conflitos: é a chamada regra da adjudicação, que dá competência às autoridades respectivas para resolver litígios.

Hart, apesar desta estrutura rigorosa e severa de ar normativista, não deixa de se sentir interpelado pelo Direito Natural, e apesar do seu sistema formalista, fala mesmo de um conteúdo mínimo de Direito Natural, numa versão deste que quase parece apelar para uma certa ideia de natureza humana. Do mesmo modo, Hart abre a porta a um moderado judicialismo, admitindo autónoma discricionaridade judicial, sobretudo nos "casos difíceis". Ora, com acerto, e numa renovada versão do *in claris non fit interpretatio*, há quem, como Paul Van Den Hoven, próximo dos *Critical Legal Studies*, se pergunte se haverá mesmo casos claros, o mesmo será dizer, casos fáceis... Ergo... (*Clear Cases: Do they Exist?*, in "Revue Internationale de Sémiotique Juridique/International Journal for the Semiotics of Law", Vol. III, n.' 7, 1990, pp. 55-63).

Dworkin – Também apela a uma ideia de hierarquia "normativa" *latissimo sensu* a perspectiva de um Ronald Dworkin, que sobretudo se centra numa teoria da adjudicação, lidando com uma pirâmide de regras, a que chama padrões ou *standards*, em geral, e que incluem as categorias das políticas, dos princípios e das regras, por ordem descendente de grau de generalização e "programatismo". Partindo, assim, do mais geral para o mais concreto.

Sendo um *liberal* (à moda americana, não à moda europeia), entra o autor em linha de conta com as preocupações dessa banda de pensamento, o que se evidencia, por exemplo, no seu célebre *Taking Rights Seriously*, obra que em Portugal encontrou interessante eco e diálogo num texto de Gomes Canotilho, que logo no título a ele implicitamente alude, intertextualmente (*Tomemos a sério os direitos económicos, sociais e culturais*, Separata de "Boletim da Faculdade de Direito de Coimbra", número especial, "Estudos em Homenagem ao Prof. Doutor António Arruda Ferrer Correia, 1984", Coimbra, 1988).

Defensor da acção afirmativa ou discriminação positiva, Dworkin encontra-se na angustiosa posição de rejeitar, por razões digamos "democráticas" o activismo judicial, por um lado, e, por outro, a necessidade de reconhecer a criação jurisdicional que tem na célebre frase "made some [laws] myself" um lema simbólico do juiz naturalmente legislador ou colaborador imprescindível do legislador. Em qualquer caso, contendo uma reflexão sobre a estrutura dos actos normativos, o seu pensamento não deixa de ser uma importante contribuição precisamente para a ideia de criação judicial.

Realismo escandinavo – Entroncando, pelo menos miticamente, na velha escola do direito livre, o realismo escandinavo descobriu antes dos psiquiatras algumas das profundezas do inconsciente, doutorou-se por vezes nas Faculdades de Letras, e recentemente deseja impor-se, de par com as teorias críticas, para-marxistas e pós-modernas, até ao próprio e tão consensual paradigma dos Direitos Humanos, como ficou demonstrado no já tristemente célebre caso da liberdade de docência na Suécia, em que o Prof. Jacob Sundberg se viu atacado no seu ensino desta matéria essencial e perseguido por ensiná-la em vez de à doutrina nacional oficiosa.

O que mais choca nestes trabalhos é a identificação das teorias ditas ontologistas ou metafísicas com algo de menos rigoroso ou até de menos sério, a par de uma convicção firme, posto que em *ambiance* de cepticismo, de que a Justiça é um conceito subjectivo, e até algo "piegas".

Realismo norte-americano – Também realista se diz o psicologismo jurídico norte-americano. Não só o juiz é o grande protagonista do Direito, como o verdadeiro pai e dono do mesmo. O *Law in the books* claudica perante o *Law in action*, e este depende, nas versões mais extremas, da digestão do juiz ou do facto relevantíssimo de ter ou não escutado, antes de lavrar a sua sentença, o mavioso canto do rouxinol. Há, assim, um profundo cepticismo quanto à força e função das normas de per si, e mesmo um distanciamento face aos próprios factos – o que será de certo modo legítimo, se nos lembrarmos da conhecida inversão do silogismo judiciário, pela qual se busca uma premissa capaz de nos fazer legitimar uma conclusão – sentença – *a priori* decidida.

Pós-modernidade jurídica e juspolítica – A pós-modernidade jurídica foi anunciada por vozes desencontradas, embora desde o início majoritariamente já pendendo mais para posições sociologistas e afins.

No início da recepção jurídica desse movimento (que começou nas artes plásticas, e sem conotações excessivas, apesar de tudo) alguns autores, como Pedro Serna e até Javier Hervada, fizeram alusões interessantes à corrente, e mesmo um Jesus Ballesteros haveria de dar a lume estudos decisivos (*Razones a favor de una postmodernidad alternativa*, in "Doxa", n.º 6, 1989, p. 301 ss.; e ainda *Postmodernidad. Decadência o resitência*, Madrid, Tecnos, 1989). Nesse tempo, a ideia foi por nós trabalhada no sentido do advento real de uma nova idade, com uma dimensão estética, ética e aberta ao transcendente. Mas a breve trecho se compreendeu que o pós-moderno muito pouco tinha de pós- e muitos mais de moderno, realmente tardo-moderno, eventualmente mais um sinal de decadência do que de superação ou transcendência.

O que hoje se pode considerar pós-moderno na Filosofia do Direito e afins (entendendo as matérias de forma muito lata, porque algumas manifestações são muito mais de índole político-ideológica ou simplesmente político-interventiva do que especulativa, como deve ser a filosofia, jurídica ou outra) serão os Estudos sobre Direito e Sociedade, os *Critical Legal Studies*, a Jurisprudência Feminista, e, mais recentemente, o movimento do *Legal Storytelling*, no qual se contam estórias de discriminação, com o fito de comover para convencer. Na pós-modernidade jurídica avultam fórmulas mais ou menos politicamente correctas no seu sentido geral, embora eventualmente muito certeiras no diagnóstico das injustiças e nas críticas que ao sistema imperante dirigem, especialmente na sua dimensão positivista legalista. Numa visão latíssima, porém, quando se fala em "direito pós-moderno" estar-se-á a aludir ao Direito Contemporâneo, e especificamente às suas novidades: altruístas, fraternas, etc.. Mas a confusão não parece ser fecunda.

Também no plano jurídico-político se poderão encontrar afinidades, ao menos de raiz, entre estes movimentos desconstrucionistas (mas raramente auto-reflexivos) e a Escola de Frankfurt, também herdeira do marxismo. Habermas, o seu actual expoente, avança uma muito celebrada teoria da legitimação baseada na acção comunicativa, propondo uma legitimação pelo consenso, fazendo a economia da substância, ou uma sua *épochê*.

A ideia central é a do exílio das certezas, e a rendição aos factos nus, sejam eles os da sociedade tal qual se vê, ou se julga ver, sejam os da economia pura e dura – em ambos os casos numa capitulação do dever-ser perante o mero ser-que está-aí.

De um radicalismo perturbador mas livre e refrescante na sua insubmissão é a perspectiva jurídico-política de Michel Foucault, cujo olhar certeiro e impiedoso revela a emergência de poder e poderes mesmo onde se não suspeitava (desde logo, a "microfísica" do poder – desde os poderes do corpo, *biopoderes*, a complexos poderes da "alma"), subvertendo as legitimidades tradicionalmente aceites, numa gargalhada que se não sabe se redentora se ainda mais angustiante.

Os Economicismos contemporâneos – Mais moderadas, apesar de tudo (ou quiçá com uma imoderação que afecta só o económico, mais superficial que o cultural e o civilizacional) são as perspectivas economicistas ou utilitaristas (*hoc sensu*) como a análise económica do Direito, preocupadas com a eficácia económica e decalcando os métodos da *Public choice*, e as filosofias político-jurídicas de um John Rawls, discurso legitimador da democracia liberal à americana, com base num contrato social hipotético, ou de um Luhmann que, detectando embora com argúcia a *Impossibilidade da Comunicação*, propõe como via a legitimação pelo procedimento (*Legitimation durch Verfaheren*, 2.ª ed. Neuwid, 1975, trad. bras., *Legitimação pelo Procedimento*, Brasília, Edições Universidade de Brasília, 1980, Nova ed., Frankfurt, Suhrkamp, 1989).

Uma outra fórmula de correcção política, simétrica à de inspiração marxista, se pode detectar nas reivindicações teóricas e práticas de timbre anarco-capitalista dos economistas ou economicistas ditos neo-liberais, sobretudo vienenses e friedmmanianos e seus epígonos, que em Robert Nozick têm um expoente de revisionismo liberal, procurando substituir o "Estado óptimo" dos liberais clássicos pelo "Estado mínimo".

O pensamento liberal contemporâneo depara assim com um obstáculo que se poderia chamar de "usurpação de marca" ... Atentemos nas certeiras palavras de José Adelino Maltez:

"Nada de temer. Especialmente daqueles *nomes* que se invocam para denegrir os outros, os quais fazem parte das tais plurisseculares demonizações vocabulares que pretendem o silenciar antes do analisar, continuando aquele inquisitorialismo que das *trevas* passou às *luzes* e permaneceu no posterior marxismo dos *mestres-pensadores*, tendo contaminado o mais recente *marxismo branco* de alguns antimarxistas históricos, todos formados em volta da relação *Freund-Feind*, em que os extremos acabam por tocar-se numa íntima camaradagem de *irmãos-inimigos*. (...) mesmo perante o contemporâneo *politically correct* dos que pretendem visibilidade intelectual ou o economicamente conveniente para certos grupos de pressão, subsidiadores de centros de investigação não-estaduais, não deixa de estar presente aquele minoritário liberalismo ético, baseado no consensualismo anti-absolutista e fazendo a ponte com tradicionalismos e neotomismos. O que predomina é um neoliberalismo de importação marcado por ideologismos e praticado por antigos marxistas-leninistas que, se mudaram de valores e de objectivos, não deixam de conservar a metodologia da fidelidade ao mestre-pensador, o doutrinarismo das fáceis vulgatas compendiárias e a dose propagandística das *palavras de ordem*."

3.2. Pluralismos jurídicos: brevíssimo repertório

Estilos, Escolas, Campos Epistémicos – A par de todos estes modernos, continuam os mais clássicos. Continua a haver uns tantos marxistas-leninistas ortodoxos, embora com dificuldade (como proclamou Arrabal), porque nessa área está na voga a regeneração, a metamorfose, a auto-crítica, a revisão assumida.

Continua até a haver kelsenianos mais puros, e versões engenhosas e mais originais de logicismo jurídico.

Do lado dos que acreditam que o Direito é mais que o posto voluntariamente pelos homens, do lado jusnaturalista ou pluralista, há também diversas famílias. Mais sistemático-jurídicas em Espanha, mais escolástico-filosóficas na América Latina, por exemplo, mais polémicas e dialécticas em França, com a obra fascinante de Michel Villey.

E depois há a Teoria do Direito e a Metodologia do Direito, a Cultura Jurídica, a Sociologia Jurídica e outras disciplinas jurídicas mais ou menos culturais, gerais ou humanísticas, que não raro funcionam como para-filosofias jurídicas ou outros estilos de filosofar juridicamente.

Na Europa latina há uma pluralidade de correntes, não deixando de persistir, mesmo, perspectivas clássicas, como as jusnaturalistas e afins. Mas aqui talvez mais claramente se vê de tudo...

No mundo de língua inglesa a preponderância vai para estudos mais analíticos ou sociológicos, sem deixar de haver autores mais clássicos.

Decerto o maior contributo germânico para o quadrante da pluralidade jurídica terá sido a redescoberta do pensamento problemático com a defesa da tópica por Theodor Viehweg, em *Topik und Jurisprudenz*. Também nas obras de um sobretudo constitucionalista como Peter Häberle se poderá colher alguns temas de importância jusfilosófica. O que é natural. Como dissemos, a afinidade profunda entre uma visão pensada e crítica do Direito Constitucional (ou do Direito Penal, por exemplo) e a intenção da jusfilosofia têm de aproximar estes estudos e os seus cultores.

Na verdade, a perspectiva tópica viria também a florescer noutros países, com a escola da "Nova Retórica" em Bruxelas, com Caim Perelman, até encontrar no espanhol Francisco Puy desenvolvimentos muitos sugestivos.

Não faremos listas de autores: listas não passam de listas. Nomes não dizem mais que nomes. Por detrás de cada um, está uma aventura de pensamento à espera de ser descoberta – e (re)vivida – pelos entusiastas que querem ir além do *textbook*.

CAPÍTULO 4
Breve Balanço

Experimentamos um grande cepticismo face às novidades retumbantes e tornadas moda na filosofia jurídica, essas que tanto entusiasmam, ou aparentemente exaltam, alguns dos que demandam outras longitudes. Mas exaltarão mesmo? Ou estaremos ainda perante mais um fenómeno de servilismo psitacista e comodismo mental?

Afigura-se-nos que o ponto de Arquimedes em que o Direito deve apoiar-se reside nesse *quid*, intangível a olho nu, mas sensível a qualquer sonda axiológica elementar, que se pode traduzir por Ideia de Direito, Direito Natural, Natureza das Coisas, Direito Vital, Justiça, devendo qualquer dessas coisas ser encarada em consonância com a realidade metodológica jurídica mais profunda, que toda se baseia na interpretação e na persuasão, que convoca tópica, dialéctica e retórica, o que nos leva a considerar o Direito sobretudo numa perspectiva problemática e judicialista. E ainda assim com prudente moderação, para evitar cair-se em excessos propiciadores de reacção, dos seus contrários.

Afinal, é o pluralismo jurídico que pessoalmente defendemos, não no sentido pulverizador, mas com o intuito de considerar que há mais Direito que o simplesmente "posto" de forma voluntarista pela lei, ou seus substitutos titularistas, historicistas, economicistas, ou sociologistas: tudo imanentismos que por vezes confundem factos com interpretações, ao serviço de profundos idealismos, nem sempre idealistas e muito menos ideais, mesmo quando se querem materialistas.

Anima-nos a ideia de que a Justiça é sempre um bem a alcançar mais longe, a conquistar e a reconquistar em cada dia, uma vontade e não uma simples intelecção, e uma vontade cujo objecto jamais cabalmente se cumpre – e por isso é constante e é perpétua.

Perante teorias novas tão absurdas como a da feminista Andrea Dworkin, que além de advogar a violência, pretende que o Direito e o poder apenas sejam exercidos por mulheres, face à determinação daquele alcaide espanhol que pretende proibir os homens de sair nas noites de quinta-feira, confrontados com a atitude do Estado alemão de premiar com uma casa na Flórida um seu cidadão que se declarou alérgico ao seu próprio país, frente àquela advogada francesa que pediu asilo político para uma cadela, ou lendo aquela lei da Bósnia que proíbe as anedotas sobre loiras, ou a postura camarária americana que proscreve o canto dos pássaros depois de horas cristãs, que nos resta? O silêncio é a única resposta. Pelo menos de momento.

TÍTULO II
O DIREITO E A JUSTIÇA: REVELAÇÕES, INTERPRETAÇÕES E PEDAGOGIA

"Deus quer, o Homem sonha, a obra nasce."

Fernando Pessoa – *Mensagem*

CAPÍTULO 1
Revelações

Desde as nossas distantes aulas de estudante de Introdução ao Direito que comparamos a Justiça ao ponto de Arquimedes, o ponto fixo, o fundamento, que nos faz levantar o edifício do Direito. É da Justiça que cumpre curar.

A nossa temática conclusiva é, ao mesmo tempo, "esotérica" e "exotérica"; "esotérica", julgamos nós, nas revelações e nas inspirações; "exotérico" na pedagogia.

A presente abordagem da justiça, enquanto revelação, centrar-se-á no nível dos aspectos simbólicos. Porque essas correntes estranhas (essas emanações, quiçá, do inconsciente colectivo) melhor se plasmam nos moldes que o Homem, partindo embora de uma realidade com suporte material, fabricou para chegar ao imaterial, ao intemporal, ou seja, os moldes sobretudo da *expressão artística.* E esse desvendamento de mistérios através da expressão artística foi sendo feita, por vezes, apenas, ou não tanto, pela expressão denotativa, como é a expressão artística literária, em que por assim dizer até a filosofia do direito é muito filosofia do direito explícita, mesmo quando é implícita; pois, se considerarmos que o espírito da filosofia do direito sopra onde quer, e não faz acepção de géneros literários, então poderemos ter filosofia do direito através de um epigrama, de um provérbio, de uma peça de teatro... E então aí, de facto, o carácter denotativo da filosofia do direito e das ideias sobre a justiça aparece-nos mais claramente. Onde, digamos assim, o involuntário da revelação da Justiça se impõe ao Homem (e "revelação" tem muito de metáfora!!!) como que inconsciente e involuntariamente, como no fundo aquele primeiro verso que é soprado ao poeta, é, de facto, obra da inspiração.

As revelações acabam por ser, neste domínio, mais inspirações que revelações. É o sonhar do Homem que desvenda o que *Deus quer...* Para que, pedagogicamente, a obra nasça...

CAPÍTULO 2
Inspirações

"Inspirações" é assim o nosso segundo tema final (talvez o primeiro, talvez o único...), e especialmente visível no domínio das artes plásticas.

Segundo julgamos, as perspectivas sobre a justiça encontram uma similitude muito interessante com outros campos da cultura e da sociedade; há uma solidariedade, aliás conhecida, de tempos, de estilos, de ambientes – a História banha as coisas do mesmo ar de família, numa mesma época e civilização. Por exemplo, Panopfsky faz uma brilhante e totalmente pertinente relação entre o Gótico e a Escolástica. Entendemos assim que existe, realmente, esse ar de família em todas as realizações de um tempo, por um lado, e, por outro, uma tal solidariedade profunda de sentido que leva a que determinado tipo de cosmovisões acabem por ser reflectidas em determinadas obras de arte. Só quando de alguma forma uma ideia adquire, num tempo, o grau de depuração para estar como que em suspensão no ar do tempo e é captada por esses *gatos da cultura* que são os poetas, como diria um Agostinho da Silva – a expressão vale também para os artistas plásticos, poetas a seu modo –, só então é que podemos pensar no fundo de uma *Weltanschauung* que se faz realidade.

A Justiça, por um lado, ao longo dos tempos, e, por outro, ao longo dos cortes epistemológicos, dos estratos epistemológicos ou das províncias/continentes epistemológicos existentes, tem aparecido em diversas fases e vestes. Miguel Reale explicitou-o com muita agudeza.

Temos, de facto, uma justiça muito identificada, por exemplo, com a ideia de virtude durante uma determinada época e no interior de uma certa cosmovisão – que é a clássica e a medieval, embora a virtude clássica seja excelência, *arete*, e a mundividência medieval haja cristianizado quase todas as virtudes. Já o disséramos.

Curiosamente, outra época, outra perspectiva, é já aquela em que a justiça aparece como valor. E já todo um outro estilo é o de um tempo em que a justiça surge em especial como princípio.

Há, de facto, diferenças, modos de ver, estilos, e há também uma maior ou uma menor pureza, por assim dizer, um carácter mais bacteriologicamente puro, ou antes, epistemologicamente impuro no domínio da justiça. Questão de que a *Reine Rechtslehre* de Hans Kelsen é ainda eco: a pureza e a purificação, assim como a autonomia, do Direito.

Seja por comodidade científica e de catalogação, seja levados por uma espécie de abstracção como o 'contrato social' (que também comporta a sua utilidade prática), talvez fosse interessante lembrar que há muitos autores que fazem uma cisão muito essencial entre aquilo que alguns antropólogos chamam "pré-direito" e o "direito".

Pré-direito ou normatividades pré-jurídicas são expressões que procuram designar o tempo em que a normatividade especificamente jurídica, a forma de encarar a justiça é ainda uma forma sincrética, ainda um caldo de cultura, em que se misturam aspectos mágicos, religiosos, morais, éticos, e aspectos que, depois, terão necessariamente a sua dimensão de justiça jurídica. Esse grande caldeirão em que se misturam todas essas matérias e que corresponde, *grosso modo*, àquilo a que autores clássicos nessas matérias, como Georges Dumézil, por exemplo, consideram ser a primeira função das três funções dos povos indo-europeus. Como vimos também.

Recordemos essas divisões matinais da nossa civilização: há a primeira função, a função soberana, representada pelos deuses – e voltamos à questão das revelações – Odin, Zeus, Júpiter, etc.; a dimensão do Senhor do raio e do trovão, contraposta ao domínio do económico e da fertilidade (também com seus deuses, para

Dumézil simbolizados sobretudo no romano Quirino) e ainda, num terceiro aspecto, ao domínio da guerra (que todos identificamos com o romano Marte) – as duas outras funções.

Há realmente uma primeira fase em que o Direito se mistura muito com a ideia de poder, por um lado, numa certa dimensão – a normatividade sincrética, a primeira função dos indo-europeus em que mergulha, etc.; e também como que, por contraponto, numa outra visão das coisas, quase em diálogo com esta, o direito, às vezes, assume outra faceta, outra dimensão, a da sua relação com a verdade, com o bem até; mas sobretudo a ligação com a verdade.

Ora, há neste particular um símbolo muito eloquente neste período do pré-direito, que é a *mahat* egípcia (representada, por exemplo, num magnífico esmalte no Metropolitan Museum). Temos o hieróglifo da verdade e da justiça, a íbis com a pena no bico; e *mahat* a deusa acocorada com uma pena na cabeça. A *mahat* tem uma história deveras interessante no Egipto. Começa por ser uma realidade intrinsecamente ligada ao faraó – este é que diz e encarna a *mahat* –, a ideia de uma justiça, de um poder e de uma verdade que se concentram na pessoa do faraó. Mas, com a evolução das coisas, passará a ser a *mahat* (uma *mahat* objectivada, ou, pelo menos, retirada da pessoa do monarca) que julgará o faraó. Já o havíamos aflorado antes. Mas interpretemos agora: Há aqui uma dimensão curiosa que, projectada no futuro, terá um interesse muito significativo, uma perspectiva da justiça que começa por "É justo o que agrada ao mais forte" (como se diria mais tarde, nos termos dos Sofistas); depois, com o tempo, passa a valer: "É justo uma outra coisa, a qual julga o próprio poder". Eis uma primeira direcção: de espiritualização e de controlo (ainda que moral) do poder. Recordemos: a *mahat* é a deusa egípcia da Justiça e da Verdade.

Em seguida, noutro momento (estamos obviamente a dar grandes saltos temporais, parando em etapas, marcos significativos), seria importante concentrar-nos na dicotomia de Sebastião Cruz no seu elegante livro *Ius, Derectum (Directum)* – desenvolvendo o que já referimos *supra*.

Embora tenhamos seguido essa pista, durante anos, chegámos à conclusão, ainda provisória, de que uma certa leitura desse texto permite uma abertura para outra possibilidade que, de facto, talvez acabe por ser a que por ele foi intuída (ainda que tenuemente), e que se nos afigura ser uma tese essencial, embora não a tese primária nem a que normalmente se capte de uma primeira ou segunda leitura desse livro. Está lá a nosso ver nas entrelinhas uma outra coisa, a saber, uma abertura à tese que, com Gustav Radbruch, passou a ser difundida (embora na estrita difusão dos *happy few* que se interessam por estas matérias jurídicas mais esotéricas). Estamos a falar de quê? Da questão da comparação entre os símbolos grego e romano do Direito e que tem um interesse enorme, na medida em que por tal estudo iconológico e semiótico se compreende, no fundo, o pré-direito tardio, na sua comparação com o direito clássico, romano já. Quando nos referimos ao "pré-direito tardio" não aludimos já àquele "direito" arcaico, que nos é transmitido, por exemplo, por Moses Finley nesse livro interessantíssimo que é *O Mundo de Ulisses*, e que, no terreno antropológico, Marcel Mauss (o Mauss do genial *Essai sur le Don*) e outros, de facto, desenvolveram.

Temos muito a aprender desse tempo em que o sinalagma era entendido de uma forma diversa, ou não era concebido realmente como tal. O mundo para-jurídico, pré-jurídico foi o da hospitalidade, da prova como provação, do juramento, etc. Hoje lidamos mal com o problema de compreender profundamente e bem enquadrar certos institutos que são tipicamente reminiscências arcaicas, e dizemos "institutos" no sentido latíssimo – o problema do duelo, do ordálio, da guerra, da guerra como grande juízo de Deus. Ora bem, todas essas coisas que são, digamos assim, salvados de um direito verdadeiramente arcaico, e que é actualíssimo: o problema da guerra – ganhe, não o melhor, no sentido do melhor de forma imanente, mas o melhor de forma transcendente. O que será escolhido pelos deuses, em suma.

Há, de facto, uma fase mais recuada, uma fase arcaica, onde estão de alguma forma raízes ainda pouco compreendidas do nosso direito e que, depois, vêm florescer noutro tipo de normatividades, como aquelas normatividades que Boaventura de Sousa Santos estudou no Brasil na contraposição entre o "direito do asfalto" e o "direito da favela". É muito curioso ver como depois aparecem, no estado livre, florescências de Direito e, inclusivamente, formas de mimetismo, aliás, estudadas sobretudo no âmbito da criminologia, em especial pelas correntes etnometodológicas que, de facto, nos mostram que há coisas antigas que estão vivas. Ou como dizia a canção: *"everything old is new again!"*

Portanto, há, de facto, a necessidade de contrapor, pois são extraordinariamente eloquentes, os símbolos grego e romano da Justiça. Recordando apenas, de forma muito sumária: os escultores dos nossos palácios da Justiça – e, longe de nós denegrir a profissão: naturalmente não ganham por metro cúbico de estátua – apresentam nas estátuas símbolos em demasia: aquilo que nas escolas de Artes, se diz *excesso de informação*. Há excesso de informação nos símbolos que aparecem nos nossos palácios da Justiça, que nos apresentam uma senhora equipadíssima com os atributos todos da Justiça: venda, balança, espada. Como sabemos os atributos não pertencem todos à mesma deusa. Uns são da deusa *Dike,* e outros da deusa *Iustitia.* São diferentes; a grega, a *Themis/Dike,* tem a espada, porque o direito grego é um direito muito centrado na ideia de punição; o quase-direito grego – chamemos-lhe assim – está ainda muito empenhado em punir – daí a espada, para denotar isso. Mas, em contrapartida, esta Justiça tem os olhos bem abertos, colocados nos céus à espera de uma inspiração divina. Ou não será antes de uma revelação? Venda, portanto, não existe. Depois, as balanças são diferentes; a balança grega não tem fiel – o que é muitíssimo importante! Não tem fiel, porque a justiça grega é uma justiça que se baseia na ideia de horizontalidade – remete para a igualdade do *isos*. Portanto, o *isos* é algo de igual no sentido horizontal, enquanto na justiça romana a igualdade passa pela verticalidade, pelo *directum*, pelo que está a direito, pelo que está a prumo, e que encontra a sua expressão plástica no fiel da balança, o qual, repetimos, não existe na balança grega.

Assim, temos perante nós duas justiças realmente diferentes: a grega, a *isonomia,* e a justiça romana, que parte do princípio da existência de *um dono do processo,* o pretor, o qual, de facto, tem possibilidade de resolver litígios, e de criar mais claramente

Direito. Todos os julgadores criam, de algum modo, direito. Mas o pretor romano, esse sim, poderia dizer das leis, em vez do juiz americano: *'made some myself'*. Não é uma assembleia que difusamente decide escrevendo naqueles cacos de cerâmica que hoje aparecem nas escavações (onde ainda aparece o nome de Péricles e de outros) e até vota ao ostracismo as pessoas mais capazes, pela eterna conspiração dos medíocres contra os de valor; não é a ideia de um tribunal, muitas vezes sorteado, quase multitudinário, um tribunal em que, no fundo, os logógrafos emprestam ou vendem os seus discursos a quem se vai defender a si próprio. No fundo, há aqui um trânsito da justiça grega para a justiça romana, um trânsito de uma justiça ainda muito eivada de aspectos políticos para uma justiça que opera um isolamento – o tal *Isolierung*, de que falam os Alemães – da coisa jurídica. É evidente que estas tentações purificadoras, como, mais tarde, as de um Kelsen tentando fundar para a juridicidade uma teoria pura (como aflorámos já), esse tentar isolar o Direito de outras coisas, tudo isso prova afinal, se visto em perspectiva, em História, que nunca se purificou totalmente o Direito, ou que a queda na impureza foi rápida. No fundo, trata-se de chegar ao tal caldeirão, à tal amálgama, à tal síntese inicial, onde está tudo o que é a primeira função indo-europeia: chegar lá com uma colher e conseguir tirar de lá o que é Direito. É evidente que vêm outras coisas a boiar; há por lá outras coisas, outras realidades que tornam o Direito sempre impuro e, por isso, é que as tentativas kelsenianas e outras são sempre tentativas votadas ao fracasso e, às vezes, como estamos convencido é o caso, a tentativa kelseniana, utilizando uma velha metáfora, *deixa entrar pela janela aquilo que se queria fazer sair pela porta*; deixa entrar até tudo (a começar pelo poder, pela política, pelo Estado) por uma janela muito aberta. Portanto, realmente, esta questão é importante. E existe ainda o problema da venda. Andámos a investigar estes anos todos e não encontrámos venda nenhuma. Era uma história muito interessante a história contada por Sebastião Cruz, embora com uma prevenção. Com ela se harmonizava uma outra: a história da Branca de Neve de Walt Disney. O tema da história é um tema de justiça, de justiça prática, de prática da justiça: "law in action" e não "law in books!". No filme

Branca de Neve, Walt Disney fez uma coisa singular: os movimentos da Branca de Neve, desde logo, foram rigorosamente decalcados a partir de movimentos humanos, com um mimetismo muito próximo da realidade. Além do problema cinético de os movimentos terem realmente quase a perfeição hoje possível por meio do computador, o realizador queria que a boneca tivesse uma voz maviosa excelente e adequada à imagem. Claro, somos humanos, fazemos involunta-riamente acepção de pessoas, somos sensíveis a vários aspectos, nomeadamente as impressões visuais são estímulos que – está demonstrado – contam muito mais do que os estímulos auditivos. Ora W. Disney sabia que, se na audição das várias cantoras, olhasse para elas, os estímulos visuais poderiam obnubilar os estímulos auditivos; poderia assim escolher alguém muito bonito, mas com pior voz. Solução engenhosa, a sua: em seu lugar, um "homem de palha" vai ouvir presencialmente as senhoras e Disney coloca-se estrategicamente atrás do palco, sem poder ver as candidatas que pretendem dar voz à Branca de Neve. Assim faz a selecção apenas pela voz. A cantora escolhida não seria uma beldade, mas tinha uma voz muito bonita. Conseguiu o seu objectivo, e fez justiça.

Tal é também o problema da venda. No Direito, o problema da venda, tal como é levantado, tradicionalmente é este: nós fechamos os olhos do corpo para abrir os ouvidos da alma. É realmente esta ideia: não fazer acepção de pessoas, não ver se altos, se são baixos, se são gordos, se são magros, se são pobres se são ricos, se são poderosos, se não... Vemos a voz, que significa os argumentos de cada um.

O grande problema, a grande catástrofe relativamente a esta história é que o juiz, e a justiça, realmente – segundo parece – só teve venda a partir de uma brincadeira, que também tem a ver com uma dimensão política: por alturas do século V, em que começam a aparecer estampas satíricas do Imperador vendado, do juiz ven-dado, da justiça vendada, no sentido de dizer que eles não sabem para onde vão; não vêem a realidade. No fundo, é uma tentativa de sublinhar mais a nesciência da justiça prática do que realçar a não acepção de pessoas da justiça pura. A paródia foi a ideia que passou.

Pois bem, nós temos de fazer aqui o caminho inverso: ir do presente para o passado. Ao fazer este caminho inverso, chegamos a compreender que houve aqui uma das habituais recuperações que o Direito faz. De facto, atentemos bem: uma situação, ou realidade, que era satírica, passou a ser nobilitada, enobrecida, e inventou-se um novo significado para a venda como adereço que, realmente, é um atributo positivo. Mas há um fenómeno muito curioso no meio tempo, e que também revela os períodos e as concepções de justiça, aqui presentes.

Uma situação interessantíssima é que, no século XVII, como sabemos já, começam a aparecer na Holanda e na Alemanha alguns tratados sobre temas de Direito, que representam a justiça com duas cabeças, chamadas *Janusköpfige Iustitia*. Quer dizer, uma justiça vendada e outra justiça com os olhos bem abertos – o que é uma síntese deveras interessante. Nela as duas tradições acabam por se fundir; no fundo, é como dizer-se: a justiça tem de ver bem mas, ao mesmo tempo, não se deve deixar iludir por aquilo que vê. Tem que ver mais fundo. Pelas aparências, mas até às essências...

Existem também uns códices em Veneza, em que se vai ainda mais longe. Também a eles já aludimos. E aí a justiça parece evoluir ainda mais na sua "pluralidade". Trata-se, porventura, de um ponto de chegada. Um dia, quem sabe, nos nossos tribunais, teremos não aquelas coisas abstractas, aliás, muito interessantes, que Le Corbusier fez, por exemplo nas representações geométricas triangulares da Justiça no Tribunal de Chandigar, na Índia. Quereremos quiçá uma coisa mais concreta: uma justiça com cara de homem e cara de mulher. Muito importante, decerto. É uma coisa até antiga, presente, como dissemos, nas iluminuras de Veneza. Realmente uma justiça que não só surge com os seus atributos normais, mas é também uma justiça-homem e uma justiça-mulher. Não deixa de ter o seu interesse e talvez alguma fecundidade teórica potencial este tipo de interpretação.

O que nos leva a uma outra questão, e é esta: temos uma justiça monista, ou uma ideia de justiça monista, quando, de facto, há muitas versões dessa justiça, e encaramos a justiça como um critério qualquer de chegada ou de partida, em que sobretudo o voluntarismo humano é que decide. O positivismo legalista é o exemplo mais evidente desta justiça monista e aí, com venda ou sem venda, há só uma cara. Mas existe também uma dimensão pluralista de justiça. Durante algum tempo, dizíamos que era uma visão dualista de justiça; pensávamos então em direito positivo e direito natural, ou em natureza das coisas ou em direito vital, ou em justiça frente ao direito positivo; mas depois apercebemo-nos de que realmente as teorias se pulverizaram. Por exemplo, Luigi Lombardi Vallauri faz uma tripartição em direito livre, direito natural e direito positivo. E há ainda autores que remetem, de modo óbvio e clássico, para direito divino, etc. Portanto, não podemos só falar em dualismo, mas realmente em pluralismo jurídico... Correndo o risco de a designação poder ser mal entendida. Mas que outra se poderia usar? A alternativa terá talvez que buscar-se pela via das funções dos diversos planos ou dimensões que os pluralistas consideram no Direito.

São funções de fundamentação e de legitimação, crítica e superação do mero direito positivo. Mas não se poderia usar a expressão "fundamentalista", nem "legitimista" (ou sequer "legitimador"), nem mesmo "crítico" ou "superador". Todas estas expressões acabam por ter conotações decerto mais problemáticas que a escolhida. Contudo, nova designação está a concurso...

De facto, trata-se de conceber a justiça ou como coisa simplesmente humana, simplesmente social até (porque pode haver uma visão humana antropológica ou biológica que remeta para a transcendência face ao social e ao político da Justiça) ou como algo de supra-social e supra-político. Como sabemos, a versão mais normal, hoje, é a versão de legitimidade, digamos, democrática, ou para-democrática, que muitos positivistas ou para-positivistas defendem. Para eles a questão é muito simples: no fundo, os homens conversam, votam, decidem o justo. É uma aproximação ao Justo, ou até nem existirá tal coisa – muitos pensam.

Há, em seguida, outras visões, que não se contentam com esta linha monista e dogmática. São os jusnaturalistas, os que remetem para a Justiça, e outros, que no fundo todos acreditam que uma coisa é o direito feito pelos homens, e outra coisa, mais bela, mais importante, e com maior valor, é a Justiça.

Julgo que se as revelações efectivamente podem ser dadas pelos símbolos.

C. S. Lewis, num livro já não muito novo, mas espantosamente actual sobre a Universidade, *That Hideous Strengh,* recorda um passo mitológico em que a justiça desce do tal céu estrelado – que Kant, como é normalmente recordado, viria também a celebrar – e, digamos, começa a ser entendida também numa perspectiva mais humana e menos abrangente. É essa a "popularização" da Justiça, num sentido negativo, mas também, é o *Isolierung,* o *ius redigere in artem,* num sentido muito positivo, com Aristóteles e, depois, com os Romanos: se se procura limitar a ambição da Justiça, limitá-la de grande virtude que era, também se estava a torná-la mais real, mais concreta, mais acessível. Não sendo tão virtuosa, mas mais limitada – com a diligência de bom pai de família, atribuição a cada um do que é seu, etc. – de forma circunscrita, não pretendendo que sejamos todos sábios, ou heróis, santos, ou sequer escrupulosíssima gente de bem. Mas desejando-nos minimamente diligentes, e constituindo assim uma espécie de mínimo denominador comum entre as pessoas. Isso, de facto, pode ter um pouco de simbolização nesta balança que tem o fiel, e que já não precisa da espada em Roma, porque *de minimis non curat prætor.*

A punição é, de facto, um mínimo relativamente à ideia de Direito. Aliás, a inversão temporal da questão de facto e da questão de direito em Roma, primeiro decidir a questão de direito e só depois a questão de facto, isso é um pouco efeito desse relativo intelectualismo romano, o qual, às vezes – poderia dizer-se – se não compatibiliza muito com o génio prático dos Romanos. Mas, na verdade, é um caso para pensar: porquê esta mudança ao nível processual?

Seja como for, esse momento é um momento muito importante. Ainda hoje é uma questão complicadíssima, aporética, porque se procura, de facto, delimitar a ideia de justiça reconduzindo-a a uma justiça, devemos dizer, jurídica, particular. O problema é que todas estas designações têm uma polissemia terrível, em função do contexto. Portanto, busca o Direito, afinal, uma justiça particular em contraposição à virtude, à mais excelsa das virtudes, da justiça no sentido geral, universal. Simplifiquemos então:

De facto, a justiça particular coloca-nos numa situação complicadíssima, pois, se formos para a resposta do titularismo jurídico de hoje, entramos numa espécie de positivismo jusnaturalista, quer dizer, nós perguntamos: então qual é o seu de cada um, o *suum* do *suum cuique*? Responder-nos-ão: é o que lhe vem, que e seu, próprio, por título. Que é o título, então? Título é a forma abstractamente escolhida por uma ordem jurídica para constituir, preservar, alterar ou extinguir relações jurídicas, assumindo na nossa civilização a forma concreta de contrato, testamento, aquisição originária, etc. Também a lei pode fazer estas funções... Mas se bem virmos esta resposta, afinal, não saímos do sítio.

Julgamos, porém, que a janela para este labirinto em que caímos é Ulpiano, continua a ser Ulpiano, quando diz *constans et perpetua voluntas*, vontade constante e perpétua, quando fala da Justiça. Ele há autores que têm versões mais modernas, como é evidente. Mas, indo às fontes, como Ulpiano diz, a Justiça é constante e perpétua vontade de atribuir a cada um o que é seu – uma questão jamais resolvida. Não encontramos o algoritmo, a fórmula, para a Justiça. Por isso, é sempre uma questão em aberto. Mas o princípio director, a alma, a intenção, a paixão estão aí: numa luta de sempre.

CAPÍTULO 3
Pedagogias

Uma palavra ainda – mas o tema também não pede muito mais – sobre a questão da pedagogia.

Cremos que não há pedagogias autónomas. Trata-se de uma aberração; como em Coménio, quando escreve a *Didáctica Magna*, com o subtítulo, na edição portuguesa, de *Tratado da Arte Universal de Ensinar Tudo a Todos*. Levado à letra, tal é absurdo. Não há uma arte de ensinar tudo a toda a gente, se nada se sabe dessa coisa. Aliás, uma das grandes catástrofes do nosso sistema educativo foi a criação de, por exemplo, esses especialistas em didáctica ou pedagogia da Física, que só estudaram Física até ao 5º anos do Liceu. Quem diz Física diz mais algumas coisas. E há casos assim. Portanto, pedagogia da justiça, pedagogia da filosofia... é antes de mais saber e viver a matéria que se professa. Tivemos muitos professores, alguns brilhantíssimos, outros menos brilhantes, mas estamos grato a todos...Um estudante precisa de descansar dos génios nas aulas dos medíocres...

Quanto a pedagogias, só podemos recomendar o exemplo da experiência, e da observação participante. Éramos já doutor, e sentámo-nos de novo nos bancos de caloiro, cursando o nosso primeiro segundo curso. Já agregado, de novo voltámos ao primeiro ano da universidade e frequentámos um segundo curso. Assim aprende-se muito. E estamos a aplicar as conclusões dessa nossa nova passagem pelo lado de lá da "barricada"... Se os senhores pedagogos tiverem coragem, experimentem...

Mas o essencial é saber do que se fala, ainda que se não usem as *folies bergères* pedagógicas, como dizia um professor-poeta que muito admiramos. É preciso viver a docência, é preciso que as pessoas vejam passar os professores e digam: ali está a filosofia do direito, ali está a história do direito, etc. As pessoas têm de encarnar a matéria. Por isso, se nos obrigam, a pregar nos gabinetes, à porta, os nossos horários, quais teses de Lutero, ficamos deprimidos. Como se só trabalhássemos essas horas! – Mesmo a dormir, estamos a trabalhar! Assim aconteceu, por exemplo, com Kekulé, que sonhou com as cobras que lhe sugeriram a estrutura molecular do benzeno. De facto, foi a dormir, a sonhar, que ele conseguiu resolver um problema científico.

Portanto, se nos obrigarem a pôr à porta dos gabinetes os nossos horários de atendimento, qualquer dia afixaremos um dístico, de acordo com o que afirma Jacques Prévert: "Cada um tem o seu método. Eu, eu trabalho a dormir... e a solução de todos os problemas, encontro-a sonhando."

Seria fácil, no intuito de oferecer uma panorâmica, referir ainda várias teorias, correntes, sobretudo mais modernas, mas... *pedagogicamente*, mais vale ficar pelo essencial (desenvolvemos um pouco a questão pedagógica no nosso *Filosofia Jurídica Prática*): para terminar, um poema de Kavafis *À Espera dos Bárbaros* (em versão livre). Ela nos sirva não de consolação, mas de alerta:

"*Que esperamos nós, na ágora reunidos?*
É que os bárbaros chegam hoje.
Por que razão tanta apatia no senado? Os senadores não mais legislam?
É que os bárbaros chegam hoje. Que leis pois hão-de fazer os senadores? Os bárbaros que chegam ditarão a lei.
Por que madrugou o imperador e coroado e solene postou seu trono na grande porta da cidade?
É que os bárbaros chegam hoje. E o nosso imperador vai saudar o seu chefe. Tem para oferecer-lhe um longo pergaminho em que se lhe outorgam muitas dignidades e títulos.
Por que hoje os nossos dois cônsules e os pretores usam togas de púrpura, bordadas, e pulseiras com grandes ametistas e reful-

gentes anéis com tais brilhantes e esmeraldas explêndidas? Por que hoje empunham bastões tão preciosos de ouro e prata finamente cinzelados?
É que os bárbaros chegam hoje, e tais coisas os deslumbram.
Por que não vêm os ilustres oradores jorrar sobre nós a sua fecunda eloquência?
É que os bárbaros chegam hoje e aborrecem arengas e abominam longos discursos.
Por que subitamente esta inquieta agitação? (Que gravidade se vê nesses semblantes!) Por que tão súbito as ruas se esvaziam e sombrios todos regressam a penates?
Porque a noite cai, os bárbaros não vêm, e gentes recém--chegadas das fronteiras dizem que já não há bárbaros.
Que será de nos outros sem os bárbaros?
Eles eram, ao menos, uma solução."

Ouvem-se muitas críticas e muitos lamentos sobre a Justiça. Há, evidentemente, soluções mais globais para a melhorar ou "regenerar", mas todas essas soluções só estão ao alcance de quem detiver o poder para as levar por diante. Cotudo, mesmo sem se ser Ministro da Justiça ou Juiz do Tribunal Constitucional é possível a cada um de nós apresentar-se diante da *Iustitia* sagrada de cabeça erguida e sem culpa. Basta que o sacerdote da Justiça que é cada jurista saiba cumprir o seu dever no seu posto, por humilde que seja.

BIBLIOGRAFIA SELECTIVA

1. Introduções e Histórias da Filosofia

ABBAGNANO, Nicola, *História da Filosofia*, trads. vários, XIV vols., vv. eds., Lx., Presença.
CALAFATE, Pedro (org.), *História do Pensamento Filosófico Português*, Lisboa, Caminho, 1999-2000, 5 vols.
CHÂTELET, François (dir.), *História da Filosofia*, Lx., Dom Quixote, 8 vols. (também existe uma versão, condensada em 4 vols., da mesma editora)
CLÉMENT, Marcel, *Une Histoire de l'Intelligence*, Paris, L'Escalade, vv. vols., 1979
COHN, J. E., *Los Grandes Pensadores. Introducción Histórica a la Filosofia*, trad. cast. de Domigo Miral, Barcelona, Labor, s.d.
FEITOSA, Charles, *Explicando a Filosofia com a Arte*, 2.ª reimp., Rio de Janeiro, Ediouro, 2004
FERRY, Luc, *Apprendre à vivre, traité de philosophie à l'usage des jeunes générations*, Paris, Plon, 2006
GAARDER, Jostein, *O Mundo de Sofia. Uma aventura na Filosofia*, trad. port. de Catarina Belo, Lx., Presença, 1995
GEISLER, Norman /FEINBERG, Paul D., *Introdução à Filosofia. Uma perspectiva cristã,* trad. bras., São Paulo, Vida Nova, 1983
HEIDEGGER, Martin, *Einfuehrung in die Metaphysik*, Max Niemeyer, 1952, trad. fr. de Gilbert Kahn, *Introduction à la Métaphysique*, Paris, Gallimard, 1967
LAHR, C., *Manual de Filosofia*, resumo do *Cours de Philosophie*, por G. P., 8.ª ed., Porto, Livraria Apostolado da Imprensa, 1968
LAW, Stephen, *Guia Ilustrado Zahar. Filosofia*, ed. bras., Rio de Janeiro, Zahar, 2008
MARIAS, Julian, *Historia de la Filosofia*, 4.ª ed., Madrid, Revista de Occidente, 1948
MERLEAU-PONTY, Maurice, *Éloge de la Philosophie*, Paris, Gallimard, 1953 (trad. port. de António Braz Teixeira, *Elogio da Filosofia*, 4.ª ed., Lx., Guimarães, 1993)

ORTEGA Y GASSETT, José, *Que és Filosofía*, Madrid, ed. Revista Occidente, 1958, trad. port., *Que é Filosofia?*, Rio de Janeiro / Aveiro, Livro Ibero-Americano / Livraria Estante Editora, 1961

PADOVANI, Umberto/CASTAGNOLA, Luís, *História da Filosofia*, 12.ª ed. bras., São Paulo, Melhoramentos, 1978

PIEPER, Josef, *Verteidigungsrede für die Philosophie*, München, Kösel, 1966 (trad. cast. de Alejandro Esteban Lator Ros, *Defensa de la Filosofía*, 4.ª ed., Barcelona, 1982)

POLO, Leonardo, *Introducción a la filosofía*, Pamplona, EUNSA, 1995

REVEL, Jean-François, *Histoire de la Philosophie Occidentale*, Paris, Stock, 1968 (trad. port. de Maria Tacke, *História da Filosofia Ocidental*, 2 Vols., Lx., Moraes, 1971)

RUSSEL, Bertand, *The Problems of Philosophy*, 3.ª ed. port., trad. e prefácio de António Sérgio, *Os Problemas da Filosofia*, Coimbra, Arménio Amado, 1974

2. Dicionários e Enciclopédias

AUROUX, Sylvain / WEIL, Yvonne, *Dictionnaire des Auteurs et des Thèmes de la Philosophie*, Paris, Hachette, 1991, trad. port. de Miguel Serras Pereira, *Dicionário de Filosofia. Temas e Autores*, 4.ª ed., Porto, Asa, 1997

CUVILLIER, Armand, *Nouveau vocabulaire Philosophique*, 2.ª ed., Paris, Armand Colin, 1956 (trad. port. Lólio Lourenço de Oliveira e J. B. Damasco Penna, revisão de Augusto Abelaira, *Vocabulário de Filosofia*, ed. port., Lx., Livros Horizonte, 1973

Enciclopédia *Logos*, S. Paulo/Lx., Verbo Enciclopédia *Pólis*, São Paulo/Lx., Verbo

FERRATER MORA, José, *Dicionário de Filosofia*, trad. port. de António José Massano e Manuel J. Palmeirim, Lx., Dom Quixote, 1977 (versão abreviada, sob a orientação do autor, do célebre *Diccionario de Filosofia*)

GRAY, Christopher (ed.), *The Philosophy of Law: an Encyclopedia*, New York, Garland, 1999, 2 vols.

JULIA, Didier, *Dictionnaire de la Philosophie*, 2.ª ed., Paris, Larousse, 1992

LALANDE, André (org.), *Vocabulaire Technique et critique de la Philosophie*, trad. port. coord. por António Manuel Magalhães, *Vocabulário – técnico e crítico – da Filosofia*, Porto, Rés, s.d., 2 vols.

3. Antologias de Textos

CASANOVAS, Pompeu/MORESO, José Juan (eds.), *El ámbito de lo jurídico. Lecturas de pensamiento jurídico contemporaneo*, Barcelona, Crítica, 1995

GARCÍA-GALLO, Alfonso, *Antologia de Fuentes del Antiguo Derecho. Manual de Historia del Derecho*, II, 9.ª ed. rev., Madrid, 1982
HAMPSTEAD, Lord Lloyd of / FREEMAN, M.D.A., *Lloyd's Introduction to Jurisprudence*, 5.ª ed., London, Stevens & Sons, 1985
MARTINEZ, Soares (selecção, tradução e notas), *Textos de Filosofia do Direito*, Coimbra, Almedina, 1993
MORRIS, Clarence (org.), *Os Grandes Filósofos do Direito*, Ed. bras., São Paulo, Martins Fontes, 2002
SERRÃO, Joel, *Iniciação ao Filosofar. Antologia e Problematização*, 2.ª ed., Lx., Sá da Costa, 1974
SOARES, Teresa Luso, *Textos de Direito Romano*, Lx., AAFDL, 1987
TEIXEIRA, António Braz, *Filosofia Jurídica Portuguesa Contemporânea*, Porto, Rés, s.d. [1993] (selecção de textos e biobibliografias)

4. Revistas Especializadas de Filosofia do Direito e áreas afins
(com as abreviaturas mais usuais)

APD — *Archives de Philosophie du Droit*
ARSP — *Archiv fuer Rechts- und Sozialphilosophie*
AS — *L'Année Sociologique*
BIASL — *Bulletin of the International Association for the Semiotics of Law*
CILB — *Cadernos Interdisciplinares Luso-Brasileiros*
CSLL — *Cardozo Studies in Law and Literature*
D — *Doxa*
DRFTJ — *Droits. Revue Française de Théorie Juridique*
DS — *Droit et Société. Revue Internationale du Droit et de Sociologie Juridique*
E — *Esprit*
EY — *EYDIKIA*
FDH — *Fides. Direito e Humanidades*
H — *Hermeneutica*
HLR — *Harvard Law Review*
I — *Iustitia*
IJSL — *International Journal for the Semiotics of Law*
JRSG — *Jus. Rivista di Scienze Giuridiche*
LC — *Law and Critique*
N — *Nomos. Revista Portuguesa de Filosofia do Direito e do Estado*
OP — *Oñati Proceedings*
PD — *Persona y Derecho. Revista de fundamentación de las Instituciones Jurídicas y de Derechos Humanos*
PQ — *The Political Quarterly*

PS — *Political Studies*
QFSPGM — *Quaderni Fiorentini per la Storia del Pensiero Giuridico Moderno*
RBEP — *Revista Brasileira de Estudos Políticos*
RBF — *Revista Brasileira de Filosofia*
RCCS — *Revista Crítica de Ciências Sociais*
RCL — *Revista de Comunicação e Linguagens*
RDE — *Revista de Direito e Economia*
RDES — *Revista de Direito e de Estudos Sociais*
RDPSPFE — *Revue du Droit Public et de la Science Politique en France et a l'Etranger*
REP — *Revista de Estudios Politicos*
RHFDSJ — *Revue D'Histoire des Facultés de Droit et de la Science Juridique*
RIEJ — *Revue Interdisciplinaire d'Etudes Juridiques*
RIFD — *Rivista Internazionale di Filosofia del Diritto*
RITD — *Revue Internationale de la Théorie du Droit*
RJ — *Ratio Juris. An International Journal of Jurisprudence and Philosophy of Law*
RPF — *Revista Portuguesa de Filosofia*
VL — *Vera Lex. International Journal of Natural Law and Right*
YJLH — *Yale Journal of Law and Humanities*

ÍNDICE GERAL

Prefácio 9

PARTE I
DIREITO E CULTURA

Título I – APROXIMAÇÕES FILOSÓFICAS INTERDISCIPLINARES AO DIREITO

Capítulo 1. O Direito dá sentido ao Mundo 21
Capítulo 2. Direito, Sentidos, Linguagem e Autoridades 25
    2.1. Direito, Sentidos e Linguagem 25
    2.2. Direito, Interpretação e Autoridades 26
Capítulo 3. Semiótica Jurídica 29
    3.1. Semiótica Jurídica 29
    3.2. Símbolos do Direito 29
    3.3. Palavras do Direito 31
Capítulo 4. Fundamentação do Direito e Dimensões Jurídicas 35
    4.1. Necessidade de Fundamentação Jurídica 35
    4.2. Dimensões do Direito: da Ontologia à Teleologia .. 35
    4.3. Dimensões do Direito: Dos Valores aos Direitos e Deveres 36
Capítulo 5. O Jurista como indagador e tipos de juristas 37
    5.1. Autognose 37
    5.2. Heurística 37
    5.3. Tipos de Juristas 38
Capítulo 6. Acção Científica e Acção Prática 39
    6.1. Epistemologia do Direito 39
    6.2. Liberdade e Condicionamento 40

Capítulo 7. Aproximação à Origem e Fundamentação do Direito Positivo 43
    7.1. A Resposta Sócio-axiológica 43
    7.2. As Críticas Relativistas e as Crítica às Críticas 43
    7.3. Mais Dúvidas que Certezas 44

Título II – DIÁLOGOS HISTÓRICO-SOCIOLÓGICOS

Capítulo 1. Memória e Mito: Os Indo-Europeus 49

Capítulo 2. O Primeiro Livro "Sagrado": *Corpus Iuris Civilis*. Da actualidade do Direito Romano 51

Capítulo 3. Mitos 53
    3.1. Antígona ou a Revolta contra a Injustiça 53
    3.2. Shylock ou o Abuso do Direito 54

Capítulo 4. Antepassados e Parentes dos Juristas: Sofistas, Goliardos e Intelectuais 57

Capítulo 5. A Congregação 61
    5.1. Juristas 61
    5.2. Carreiras. Profissões jurídicas e de juristas 63
    5.3. Deontologia 66

Capítulo 6. Sociedade e Direito. Ciências Sociais e Direito 69
    6.1. Sociologia e Direito, Sociologia do Direito 69
    6.2. Sociologia e Sociometria 75

Capítulo 7. Ordem e Desordem Sociais 77
    7.1. A Ordem social e os Rituais. Ritos Jurídicos 77
    7.2. Desordem social e Anomia 78
    7.3. Discriminação e Evitamento Sociais 79
    7.4. Novas Legislações sob pressão da Correcção Política 80
    7.5. Escolhas Sociais: económicas e políticas 81

Capítulo 8. O Homem, o Mundo e o Direito 85
    8.1. O Homem no Mundo. Pessoa e Sujeito de Direito 85
    8.2. O Mundo no Homem. Onde colocar o centro? 86
    8.3. O Mundo centrado no nosso Pequeno Mundo. Cronocentrismo, Etnocentrismo, Elitismo 86

Capítulo 9. O Direito, o Tempo e o Espaço 89
    9.1. História e Geografia Jurídicas 89
    9.2. A Mudança do Mundo vista a partir de nós. Pósmodernidade e Direito Contemporâneo 94
    9.3. Crise dos Cânones Culturais Ocidentais 98

PARTE II
CONCEITOS E CORRENTES FUNDAMENTAIS

Título I – O SER DO DIREITO

Capítulo 1. Noção de Direito 111
    1.1. Da pluralidade das definições à fórmula de Ulpianus   111
    1.2. Arte da Atribuição 112
    1.3. Arte do Concreto 113
    1.4. Arte do Rigor 114
    1.5. Arte da Justiça 115
    1.6. Indiciadores do Direito: Tópicas Ontológica e Sociológica 117

Capítulo 2. Acepções do termo Direito 119
    2.1. 'Direito' em sentido normativo 119
    2.2. 'Direito' em sentido subjectivo 120
    2.3. 'Direito' em sentido objectivo 120
    2.4. 'Direito' em sentido topológico 121
    2.5. 'Direito' em sentido epistemológico 121
    2.6. 'Direito' em sentido patrimonial 121

Título II – O MODO-DE-SER DO DIREITO

Capítulo 1. Direito Natural e Direito Positivo 125
    1.1. Direito Natural 125
    1.2. Direito Positivo 126
    1.3. Alternativas Pluralistas ao Jusnaturalismo 127

Capítulo 2. Pluridimensionalidade Jurídica 129
    2.1. Pluralidade fenoménica e funcional 129
    2.2. O Direito como Facto 129
    2.3. O Direito como Valor 130
    2.4. O Direito como Norma 131
    2.5. O Direito como Texto 132
    2.6. A Função Jurídica de Avaliar 132
    2.7. A Função Jurídica de Dirigir 133
    2.8. A Função Jurídica de Decidir 133

Título III – CORRENTES DO PENSAMENTO JURÍDICO

Capítulo 1. Positivismo (ou Monismo) Jurídico 137
    1.1. Noção, raízes e formas 137

1.2. O Juspositivismo Historicista 138
1.3. O Juspositivismo Sociologista 139
1.4. O Juspositivismo Legalista 140
1.5. Desfazendo Equívocos 141

Capítulo 2. Pluralismos Jurídicos 143
2.1. O Jusnaturalismo *lato sensu* e os seus perigos 143
2.2. Jusnaturalismo *stricto sensu* 144
2.3. Realismo Clássico 145
2.4. Jusnaturalismo Positivista 146
2.5. Jusracionalismo 147
2.6. Outros Pluralismos 148

Capítulo 3. Pensamento Tópico, Canónico e Dogmático. Judicialismo e Normativismo 149
3.1. Da Dialéctica do Direito Autónomo ao Dogmatismo do Direito Servil 149
3.2. Bases do Pensamento Tópico-Problemático em Aristóteles 150
3.3. Pensamento Tópico-Problemático e Pensamento Sistemático ou Dogmático 151
3.4. Pensamento Canónico 155
3.5. Judicialismo e Normativismo 156
3.6. Síntese e Sentido das Oposições 156

Título IV – SABERES E VIVÊNCIAS

Capítulo 1. O Direito e os Saberes, o Saber do Direito 161
1.1. Direito, Ciência e Ciências 161
1.2. O Direito como Ciência Normativa 164
1.3. O Direito como Ciência Social 164
1.4. O Direito como *Episteme* Artística 164
1.5. Diálogos jurídico-académicos 165

Capítulo 2. Epistemologias 167
2.1. Epistemologia Jurídica Interna ou Especial 167
2.2. Epistemologia Jurídica Externa ou Geral 168
2.3. Crítica e Defesa das Humanidades e da Interdisciplinaridade em Direito 169
2.4. Crise e oportunidade nas Humanidades jurídicas.... 169

Capítulo 3. Filosofia do Direito 171
3.1. Noção Geral 171
3.2. O Direito depende da Filosofia 172

3.3. Problemas de Delimitação do Objecto 174
3.4. Estilos de Filosofia do Direito 175
3.5. Objecto da Filosofia do Direito 176
3.6. Escopo da Filosofia do Direito e Solidariedade Epistémica 177
3.7. Filosofia Jurídica Portuguesa 179

Capítulo 4. O Direito face a outras vivências 183
4.1. Direito e Valores 183
4.2. Direito e Arte 184
4.3. Direito e Normatividades 185
4.4. A Revolução da Subjectividade 186
4.5. Direito, Consciência e Religião 187
4.6. Religião, Moral e Sentido do Mundo 187
4.7. Autonomia do Direito 190

Título V – UM DESAFIO TEÓRICO HODIERNO: DIREITO NATURAL, HISTÓRIA E IDEOLOGIA

Capítulo 1. Silêncios e Olvidos 195

Capítulo 2. A Crise Actual e suas Raízes 199

Capítulo 3. Paradoxos e Prospectiva 207

PARTE III
PERSPECTIVAS CONTEMPORÂNEAS DA FILOSOFIA DO DIREITO

Título I – AS TEORIAS

Capítulo 1. As Teorias: entre Fé e Desencanto 217

Capítulo 2. Em Demanda da Justiça 219

Capítulo 3. Positivismo e Pluralismo na Jusfilosofia Contemporânea 223
3.1. Alguns Positivismos 223
3.2. Pluralismos jurídicos: brevíssimo repertório 228

Capítulo 4. Breve Balanço 231

Título II – O DIREITO E A JUSTIÇA

Capítulo 1. Revelações 235

Capítulo 2. Inspirações 237
Capítulo 3. Pedagogias 249

BIBLIOGRAFIA SELECTIVA

1. Introduções e Histórias da Filosofia 253
2. Dicionários e Enciclopédias 254
3. Antologias de Textos 254
4. Revistas Especializadas de Filosofia do Direito e áreas afins 255